私たちは作りすぎている

「サーバー落ちてるっぽい。死ぬ」

友人が会社から帰宅する途中でこうツイートし、多くのいいね♡がついた。何の話かと思えば、地下鉄でレシピ検索サイトにアクセスすることができず、晩ご飯に何を作ればいいのか途方に暮れていたのだ。彼女はフルタイムで働く会社員であり、ふたりの子どもを育てる母親でもある。しかも料理がとても好きだ。そんな彼女をしても、献立のヒントが得られない状況というのは緊急事態なのである。

私もふたりの子どもを育てながらフルタイムで働く会社員だ。私のスマホには、献立の悩みに応えるべく企業が知恵を絞った様々な広告が表示される。レシピが〈ゴロゴロ野菜のクリーム煮 手作りホワイトソースで〉だった日には、根菜に火が通るまでに何分間煮なくてはならないのだろうかと、吊り革につかまりながら考える。

恐らくこのレシピを考えた専門家は、帰宅後大急ぎで食事を作らなければならない人——もし家の中に幼い子がいれば、フライパンに小麦粉を振り入れたところで一緒にトイレに行きたがるかもしれない——が置かれていない状況を想像していないのではないだろうか。

多くの魅惑的なレシピが美しい写真や動画となり、あなたの食卓の味方ですという顔をして視界に入ってくる。この流れは止まることはないだろう。ならばレシピの洪水のなかで泳ぎ方を学ばなければならない。何を作るべきか、もっといえば、何を作らないのかを選択しなくてはならない。

拙著『わたしのごちそう３６５　レシピとよぶほどのものでもない』（セブン＆アイ出版）の発売から２年半が経った。旺盛な食欲で、私はこれまで３、０００近くのレシピを考え、作り、夜毎ＳＮＳに出没してきた。しかし９年以上献立を記録するなかで、私の好奇心は別の道を探しはじめていた。健康的で簡単で、飽きのこない持続可能な食生活を送るために、私のレシピをふるいにかけたらどんな芯が残るのか、知りたいと思ったのだ。

フォロワーからの反響を見直したり写真を整理するうちに、おぼろげながらレシピの分類や発想の筋道が浮かび上がり、10タイプのレシピに泳ぎ着いた。各レシピは簡単に手に入る素材を使い、食感と味わいにバリエーションをもたせた。どれを合わせてもほどほどにしっくりくる献立が30分程度で完成する。何より、レシピ自体がシンプルだからこそ、応用アイディア（本書では仲間レシピと呼ぶ）は無限に広がる。まさに私が得意とするスタイルが生きた10品だ。平日はこれでじゅうぶん。

この本を作りながら、様々な人の顔を思い浮かべた。例えば、春から社会人になる甥っこのこと。この本に載せた10品を作れるようになっておけば、将来きっと役に立つと思う。それから、初めての地方転勤によって毎夜の接待宴会から解放された女友達のこと。念願のちゃんと料理をする暮らしを手に入れた彼女に、この本を贈る。そして何より、私自身が「こういうものを食べて、こういう風に暮らしていきたい」と思う生き方を、10のレシピが支えてくれると信じている。

目次

［第三章］

時間をどう使うか 081

＜この本のレシピについて＞

●計量単位が明記されている場合、大さじ1は15ml、小さじ1は5ml、1合は180mlです。
●計量単位が明記されていない場合は、作りやすい分量で作ってください。ただし、味見を忘れないようにしてください。
●きのこの表面を布巾でさっと拭く、野菜を洗うなど、一部手順を省略した箇所があります。各自判断して作業をしてください。
●お使いのガスコンロ、IHヒーターによって、加熱時間は異なる可能性があります。味見をしたり、箸でつついてみたりして、確認しながら進めてください。
●調味料を何度かに分けて加えている場合があります。薄い場合は足せばいいですが、濃くなりすぎた味付けを薄く変えることは難しい。だから、迷ったら何度でも味見をしてください。
●レシピ通りに作らなくていいのがこの本の最大の魅力です。「豆腐って書いてあるけれど、油揚げでもいいかな」なんて歓迎です。ご自分の味を見つけてください。

［第一章］

きほんの10品

平日のごはん作りを楽しくするには
食べたいものを自分で作れる少しの技術と
手軽で持続可能なレシピがあればいい。
なにかと決めることが多すぎる人生を
この名もなき10品が支えていく。

1

名もなき20秒卵

よく熱したフライパンに卵液を流し入れる。
あっという間に固まりたがる性質を手懐け
思い切りよく大胆にかき混ぜる。
醤油、ソース、おかか。味付けは何でも合う。
卵を何通りにも焼けたら大したものだ。

▼詳しい作り方は34ページに

2 牛皿のような

使う材料は牛肉、玉ねぎ、
水、砂糖、醤油のみ。
肉のうまみで野菜を食べる。
出汁は使わない。
ただし、肉だけは
少しいいものを選ぶこと。
大人はお酒のアテに。
もちろん牛丼もいい。
家庭料理の定番、
肉じゃがの首位を奪う。

▼詳しい作り方は40ページに

3

鶏もも焼き

買って焼くだけなら、
迷わず鶏ももを選ぶ。
皮をカリカリに、
身を柔らかく焼くコツは
皮面を下にしてから
火をつけることと、
重石をのせて強めの中火で
しっかり焼くこと。
最後は余熱で火を通す。
味付けは塩のみ、
あればレモンをキュッと。

▼詳しい作り方は44ページに

4

焼き魚のさっと煮

ある日、焼き魚の身も皮もあまりにおいしそうで
野菜と一緒にスープにしてみた。これが大成功。
野菜やきのこを足せば、ボリュームのある一品に。
質のいい切り身が手頃な値段で手に入る日本で
魚料理を作らないなんて、もったいない。

▼詳しい作り方は48ページに

5

赤と白のスープ

出汁に頼らないでおいしいスープを作りたい。
そう思って見つけたのが、トマトや豆乳など
それ自体が十分なうまみをもっている食材。
海のもの、畑のもの、ともに相性が良く、
満足度の高い食べるスープのできあがり。

▼詳しい作り方は52ページに

6

ほったらかし野菜炒め

材料の油通しや素揚げ、重い中華鍋はプロのもの。家庭の炒めものは大らかに構える。ただし具は二種類まで。過保護にかき混ぜないで、蓄電させるようにじりじり焼く。

▼詳しい作り方は56ページに

7

切るだけサラダ

サラダの役割は歯応え、酵素、リフレッシュ。
レタスとトマトだけに任せてはおけない。
刻んだ野菜に薄く塩をふり、なじませる。
下ごしらえがあれば、日々の調理が楽になる。
ドレッシングは気分次第で構わない。

▼詳しい作り方は60ページに

8 飲みたい酢の物

〝甘苦辛酸塩〟の中で、しみじみ染みるのは
酸味だけ。二杯酢や三杯酢を薄めて
具材のうまみごと飲み干してしまう。
酸味は取り入れるのが難しいからこそ、
毎日作れるようになれば食生活が変わる。

▼詳しい作り方は64ページに

9

刺身まぜ寿司

すし酢と漬けタレを用意しておけば、
ごはんを炊くだけで作れる意外なファストフード。
ごはんを炊く間、魚をタレに漬けるだけ。
まぐろのサク、おつとめ品の刺身盛り合わせ、
サーモン、イカ……旬の好きな魚で作る。

▼詳しい作り方は68ページに

10

炊き込みごはん

白米に様々な旬を混ぜ込んで炊く。
それだけで歓声が起き、食卓に彩りが加わる。
きのこ、野菜、ときには魚や肉だってあり。
これに具だくさんのスープを添えれば
献立としてはじゅうぶんではないだろうか。

▼詳しい作り方は72ページに

きほんの10品

おいしくて持続可能で、体に優しくて食べ飽きない。
9年間ツイートを続けて見えてきた10の〝スタメン〟レシピ。
スーパーで簡単に手に入る食材と調味料を使って
食感と味わいにメリハリを効かせたレシピを揃えた。
この10品を覚えれば、帰宅後30分でごはんが作れる。

1
好みの焼き加減で
名もなき20秒卵

2
肉のうまみで野菜を煮る
牛皿のような

3
肉に合った焼き方を知る
鶏もも焼き

4
切り身を活用する
焼き魚のさっと煮

5
だしに頼らない
赤と白のスープ

6
蓄電させるように焼く
ほったらかし野菜炒め

7
組み合わせを楽しむ
切るだけサラダ

8
薄め方がコツ
飲みたい酢の物

9
ちょい仕込みを活用する
刺身まぜ寿司

10
旬と米のペアリング
炊き込みごはん

［きほんの10品の考え方］

献立は「食べたいもの」から決める

食べたい気分というものがある。

カリッと焼いた肉を食べたい。冷たくて酸っぱいものが恋しい。生の野菜をわしわし噛みたい――食感や味付けを想像して、無性に食べたくなる瞬間があるはずだ。食べたいものは、体が欲している証拠だと表現したりもする。外食が続けば薄味が恋しくなるし、景気付けにこってりした蛋白質を欲する日もある。

世の中は魅力的なレシピで溢れていて、何を選んだらいいかストレスになることがある。だからこそ、体の声に報いるためにもスーパーでは「今日食べたい食材」を最初にかごに入れてしまおう。食べたいものを自分の好きな味付けで作れることは、料理の一番の喜びだ。しかし、他に何を作ったらいいだろう？　料理を作る人の頭を悩ませるのはいつだって、主菜そのものよりも〝組み合わせ〟なのだ。

代表的な〝食べたい気分〟を柱に考えたのが、名もなき10のレシピである。各レシピは食欲と料理欲をそそるよう、身近な食材と調味料を選び、舌触りや味付けを際立たせた。

気分で献立を決めるといっても、特定の食材だけに偏るわけではない。本書では「まごこにわやさしい」（26ページ）と「だしすせそ」（32ページ）の2つの考え方で、何を食べるべきかイメージできるようにした。

「食べたいもの」と「食べるべきもの」の両方のバランスを取ることが、健康的で持続可能な自炊には欠かせない。だからこそ「今日、何食べたい？」と自分と向き合う時間をもって欲しい。食物からエネルギーを得て幸せになるために、私たちは料理をするのだから。

食材は「まごこにわやさしい」を選ぶ

食品研究家で医学博士である吉村裕之先生が提唱された「まごわやさしい」は、理想的な栄養バランスを示す優れたスローガンとして親しまれている。私はふたり目を出産したあと「まごわやさしい」に忠実に食生活を組み立て、４か月で７キロの減量に成功した。育休中で３食すべて自炊だったからこそ出来たことでもある。

しかし日々子育てと仕事をこなしながら料理をするうえで感じるのは、肉と卵をまったく使わずに現代の食卓を調えるのは難しいということ。そこで提案したいのが、現代の台所事情に即した新たな合言葉「まごこにわやさしい」だ。米による糖質や肉の過剰摂取を心配する声もあるかもしれないが、大切なのは意識して様々な食材を食べることだ。そして、一日ですべての食材を摂るのではなく、一週間の中でまんべんなくすべての食材を食べることを目標にすれば、挫折も少ない。

「まごこにわやさしい」をひとつずつクリアしていく方法は、買い物の際にゲーム感覚で意識してみてほしい。やり方は例えばこうだ——

一番食べたい食材が魚だとしたら、スーパーでまず旬の切り身をかごに入れる。これで「さ」はクリアだ。49ページ上のレシピのように、厚揚げも一緒に煮てひと皿にしてしまえばいいから、「ま（豆）」もクリア。「や（野菜）」は、ブロッコリーを「い（じゃがいも）」と一緒に炒めてみよう。飲み会が続いたから「こ（ご飯）」は今日はなし。そんな日があってもいい。クリアしていない「まご（卵）」は、翌朝卵焼きにして「ご（胡麻）」と「わ（もみ海苔）」をかける。味噌汁の具は「し」のきのこ類で決まり。一週間で「まごこにわやさしい」を摂れれば上々。こんな具合だ。

ま……豆
卵
ご……ごま
こ……米
に……肉
わ……わかめ（海藻類）

や……野菜
さ……魚
し……椎茸（きのこ類）
い……芋（こんにゃく含む）

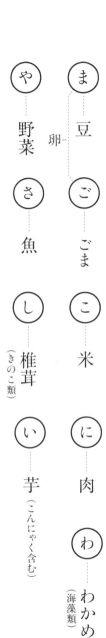

／きほんの10品で＼

献立はこんなふうに組み立てる ［基本編］

きほんの10品を使って、平日夜の献立をシミュレーションしてみた。イメージしたのは、放っておくと外食や単品ランチに傾きがちな会社員や、子育て中の親、ひとり暮らしの学生……様々な人の食卓だ。丼もので献立をすませる日があってもいいし、炊き込みご飯と汁ものでリセットする日もあり。一週間でいろんな食材を食べることを心がけよう。

飲み会続きでリセットしたい

⑤スープ
＋
⑩炊き込みごはん

p.52

p.72

胃腸の調子を整えるきのこをたっぷり加えた【炊き込みごはん】なら、ごはんの量も少し減らせて一石二鳥。合わせたいのは、色の濃い野菜と蛋白質がたっぷり摂れる【赤いスープ】。

遅く帰った日は20分で1品

①牛皿のような

p.40

ちょっといい牛肉と玉ねぎをスーパーのかごに入れて帰宅。牛肉を少しだけ奮発するのが【牛皿のような】のポイント。ひとり80gあればじゅうぶんだ。牛肉の霜降りはやや面倒かもしれないが、味の次元がぐんと引き上げられるので一度やってみて欲しい。炊きたてのごはんに【牛皿のような】をのせて一味をふれば、元気が出る丼の完成。

丼もので済ませたい

⑨ 刺身まぜ寿司 ＋ ⑥ ほったらかし野菜炒め ＋ ⑤ スープ

p.68

p.56

p.52

刺身をおいしく食べられる【刺身まぜ寿司】が主役。酢飯も食欲をそそる。片手間に【ほったらかし野菜炒め】を作りつつ、隣の鍋では豆乳を使った簡単な汁もの【白いスープ】を作ろう。

あるものでなんとかしたい

① 20秒卵 ＋ ⑧ 酢の物 ＋ ⑤ スープ

p.34

p.64

p.52

困ったときの卵頼み。【名もなき20秒卵】であっという間に1品完成。乾燥わかめを水で戻して、刻んだ山芋と合わせた【飲み干したい酢の物】と、豆乳の【白いスープ】、あとは白いごはんがあればいい。

野菜をたっぷり摂りたい

⑥ ほったらかし野菜炒め ＋ ⑦ 切るだけサラダ ＋ ⑤ スープ ＋ ⑧ 酢の物 ＋ ⑩ 炊き込みごはん

p.56

p.60

p.52

p.64

p.72

野菜を無心に刻み【切るだけサラダ】を作る。フライパンの【ほったらかし野菜炒め】を見守りつつ、【飲み干したい酢の物】【赤いスープ】で野菜不足を解消。【炊き込みごはん】を添えれば完璧。

買っておくと便利な10の食材

　スーパーではまず青菜ときのこをかごに入れ、豆腐、魚、肉、乳製品の順に売り場を回る。作るレシピが決まっていなくても、きのこ類と青菜、それから色の濃い野菜（ブロッコリー、人参、かぼちゃなど）は深く考えずかごに入れてしまうのがコツだ。結局何を買ったらいいか分からず時間切れになる、なんてことが防げるし、性別・年代問わず日々バランスよく摂っておくべき食材だからだ。日常メインで使うスーパーは1軒、せいぜい2軒だろうから、「まごこにわやさしい」がどこに売っているのか改めて配置を把握しておくと買い物がスムースになる。

　その他に常備しておくとよい食材として、梅干しや昆布など「だしすせそ」（詳しくは32ページで）に役立つ7点を左下に挙げた。私は小分け容器に保存し、梅干し以外はひとつのかごにまとめて調理中でもすぐに手が届く所に収納している。味付けに迷ったときに、かごを取り出して眺めればアイディアが浮かんでくる。

いつものごはんのための10の食材

□ 卵

□ 豆（納豆、豆腐）

□ 青菜（ほうれん草、小松菜）

□ もずく

□ 牛乳

□ いも（じゃがいも、山芋）

□ お米

□ きのこ（なめこ、えのき、椎茸）

□ 肉（鶏ももや牛切り落とし）

□ 魚切り身（鯖や鯛）

ある日の買い物。ほうれん草と小松菜、えのき、なめこ、椎茸。レシピを深く考えることなく、とりあえずかごへ。なめこは足が早いので、買い置きせずに、売り場を訪れるたびに1点だけ買う。

近所の魚屋さんへ買い物に行くのも楽しみのひとつ。この日は鰯を包んでもらった。魚の調理法を習ったことも数しれず。「料理屋ではないんだから、家では気軽に作ってね」とは店主からの教え。

常備しておくとよい7の食材

□ 梅干し

□ ごま

□ 海苔

□ おかか

□ 煮干し（小さいもの）

□ 昆布

□ おぼろ昆布

味付けは「だしすせそ」で

世界的なシェフ・松嶋啓介さんの料理教室に参加したときのこと。これまで日本で常識とされてきた味付け順「さしすせそ」（砂糖、塩、酢、醤油、味噌）を見直そうという指摘に、目が覚める思いがした。様々な出汁や、出汁の代わりになるうまみの力を借りることで、料理はより健康的になる。ただし、昆布や鰹節を使った出汁はもちろん素晴らしいけれど、毎日続けるのはしんどいこともある。本書ではトマトや梅干し、豆乳など、それ自体にうまみがある食材を使った手軽に作れるレシピも紹介する。何気なく加えていた調味料を見直し、今日から「出汁ファースト」で考えよう。

昆布や小ぶりな煮干しを水にひと晩浸けた、水出しの出汁。毎朝の味噌汁はこれで。水1リットルに対し、昆布は7～10cm四方、煮干しは10尾程度。澄んだ風味。煮干しは味噌汁の具として食べる。

数日分まとめて粉だしを作ることもある。昆布と煮干しをフードプロセッサーにかけ、密封容器に移すだけ。味噌汁や汁ものの仕上げに好きな量をふりかける。水出しの出汁よりもコクが出る。

うまみをもった食材を調理に取り入れることで、出汁がなくても美味しく仕上がり、減塩の助けにもなる。代表格はトマトや厚揚げ、しじみなど。豆乳や牛乳、梅干し、おぼろ昆布、チーズもおすすめだ。

［第二章］

きほんの10品の作り方とその仲間レシピ

1/10

〝好みの焼き加減で〟名もなき20秒卵

作り方

フライパンに多めに油をひき、強めの中火にかける。その間に卵をボウルに割りほぐし、砂糖と塩をひとつまみと水を小さじ1加え、白身を箸で切るようにして溶く。「もういいかな」と思ったら念押しでさらに10回溶く。じゅうぶんに熱したフライパンを強火にし、卵を一度に全部流し入れる。ジュっ！と音がする。スパチュラや木べらを使って縁を中へ折りたたむように大きく数回かき混ぜる。途中でためらって火を弱めないこと。皿に移し、おかか、ごま、醤油をかける。

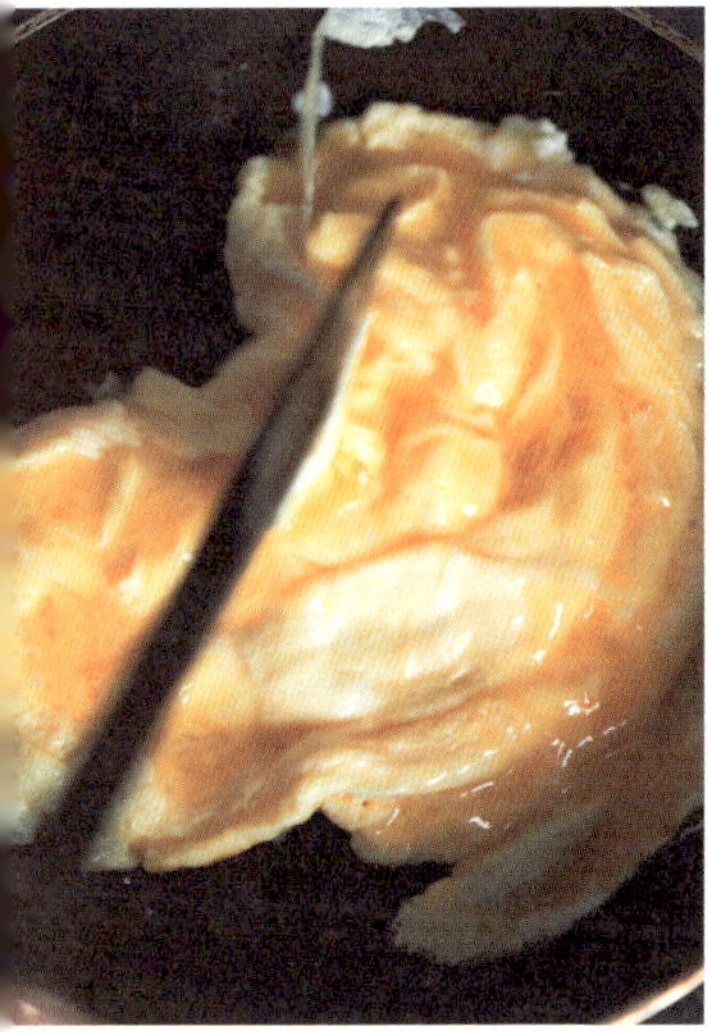

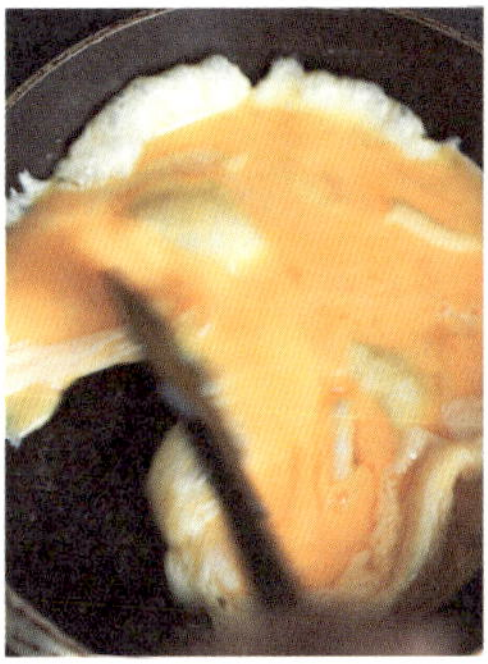

写真は16㎝のフライパンに卵2個。熱々のフライパン上では、卵液はあっという間に縁から固まり始める。固まった縁をスパチュラを使って真ん中へ折りたたむようにすれば、まだレアな真ん中は周辺へ流れる。縁から真ん中、縁から真ん中。好みのレア加減になったら皿へ。

〝好みの焼き加減で〟
［名もなき20秒卵］の仲間レシピ

焼きムラさえも美味しさに変えてしまうのが、卵のポテンシャル。
レアに焼けばソースにも、硬めに焼けば衣にもなる。
出来上がりを思い描きながら、怖がらず大胆に手懐けよう。

ご飯がすすむ

あんかけ玉子丼

いただきものの松の葉昆布をご飯に混ぜ込んで、半熟の玉子焼きをのせてあんをかける。玉子焼きは35ページと同じ要領で、溶き卵をフライパンで熱して大きくかき混ぜたもの。あんは水と鶏ガラスープの素、醤油、塩で調味。鍋に水を入れ、片栗粉と調味料を全部溶かしてから弱火にかけると楽。

カリカリとレアが同居

焼きアスパラ目玉焼きのせ

フライパンに油を温め、アスパラ（根元の筋をむく）を並べて焼く。もう少し焼きたいところで火を止め、皿へ。余熱で勝手に美味しくなる。同じフライパンに卵を2個割り、縁に追い油してカリッと焼く。半分に折ってアスパラにのせる。自重で黄身が割れ、ご覧のように。

黄身を崩しながら

大豆と根菜のトマト煮込み

フライパンに油をひいて卵を割り落とし、白身が固まった時点で火を止める。黄身には余熱で火を通せばじゅうぶん。人参、ねぎ、玉ねぎ、ごぼうを炒め、煮豆と缶詰トマトを足して煮込んだものに半熟目玉焼きをのせる。この日はご飯にのせて丼にした。

ねぎの甘さが引き立つ

ねぎの卵とじ

ねぎは食べやすいように太めのせん切りにする。フライパンにごま油を熱し、塩をひとつまみ。混ぜて味をなじませてから、ねぎを投入。しんなりしてきたら、火を強めて溶き卵を流し入れる。火が通りすぎて固くなる前に、ふんわりひとつにまとめて器に盛る。

青海苔が合う

ソース玉子丼

ごはん一膳に対し卵1個。卵は水小さじ1と砂糖、塩ほんの少しを加えてよく溶く。砂糖の保水効果で、ふっくらした仕上がりになる。フライパンに油を熱し、卵を流し入れ、強火のまま大きく3秒かき混ぜごはんにのせる。青海苔とソースをかけてできあがり。甘い玉子がソースによく合う。

具だくさんのおかず

包容力オムレツ

冷蔵庫に少量残っていた茄子（皮をむいて小さめサイコロ状に切る）、ウインナー、オクラ（塩茹で）を細かく刻み、溶き卵（5個ぶん）に加えて塩･胡椒する。小さめのフライパンにサラダ油をひき、卵液を流し込む。強火のまま2、3度菜箸でかき混ぜたら、蓋して5分。ひっくり返して3分焼く。

卵本来の味を楽しむ

和ムライス

フライパンに玉ねぎとウインナーを炒め、塩･胡椒で味付けする。火を止めて、ご飯、ごま、大葉、みょうがを加えて混ぜごはんを作る。別のフライパンに溶き卵を流し入れて薄焼き卵を作ったら、表面がレアなうちに先ほどの混ぜごはんをのせ、鍋の縁を利用しながらくるりとひっくり返して皿に盛る。玉子はあえて塩なしで、玉子の味を生かす。

大人の味わい

おかかと一味の両面目玉焼き

30秒でできるもう一品。鍋にごま油を熱し、卵を割り落とす。強めの中火で輪郭をカリカリに焼く。ひっくり返してさらに20秒焼き、仕上げにおかかと一味をぱらり。

栄養満点

かぶの葉の玉子焼き

かぶの葉は買ってすぐに切り落とし、洗って、細かく刻んで、薄く塩をふって重石をしておく。出てきた水分を絞る。溶き卵、塩昆布とよく混ぜ合わせ、ごま油をひいたフライパンにお好み焼きみたいに丸く広げて焼く。ごはんにも、日本酒にも合う。

個性的な具をまとめる

わかめとハムの卵とじ

フライパンに水大さじ1とみじん切りしたハムを入れて火をつける。ハムのいい出汁がとれる。沸いたら、水で戻したわかめを加えてさっと煮て、醤油をほんの少したらす。溶き卵を流し入れ、強火にして大きくぐるりと2、3度かき混ぜたらできあがり。

2/10

“肉のうまみで野菜を煮る”
牛皿のような

作り方

鍋に水を入れて火にかけ、牛肉の霜降りの準備をする。その間に玉ねぎを薄切りにする。鍋の湯が沸騰したら火を止め、牛肉を加えて菜箸でかき混ぜる。表面の色がうっすらピンクに変わったらざるにあげる。この、肉をお風呂に入れるような下ごしらえを霜降りという。ひと手間でおいしさが全然違うし、柔らかく仕上がる。別の鍋を用意し、玉ねぎを入れてから水を加える。水の量は玉ねぎの頭が少し出るくらい。砂糖、塩をひとつまみと醤油(少なめに)を加えてから中火にかける。ここで完璧に味付けをしようとしないこと。玉ねぎが柔らかく煮えたら牛肉を戻し、二度目の醤油を加える。もう少し煮ようかなというところで火を止め、余熱に最後の仕上げをさせる。

〝肉のうまみで野菜を煮る〟

［牛皿のような］の仲間レシピ

牛、豚、鶏、羊の4種類の肉に、おなじみの野菜を組み合わせた軽い煮込みを紹介する。

肉から上品で澄んだ出汁をとるには、熱湯でさっと下茹でして霜降りにするのがコツだ。

酸味を効かせて

トマト牛丼

トマトは皮付きの乱切り、玉ねぎは薄切りにして、鍋に入れて火にかける。塩と砂糖をほんの少し。その間に別の鍋に湯を沸かす。沸いたら火を止め、牛肉を入れてさっと混ぜ、ざるにあげる。野菜の鍋の水分が上がってきたら、牛肉を戻し、3分煮ればできあがり。醤油、バターで味を調える。

つるんとした舌触り

かぶと豚ロースの旨煮

豚ロース薄切りはひと口大に切り、塩・胡椒して片栗粉をまぶす。丸ごと煮（※）のかぶを半分に切る。スナップエンドウを加え、豚肉を一面に広げて蓋をし、蒸し焼きに。肉の表面が白くなったら、大きく混ぜてとろみを全体に行き渡らせつつ豚肉に火を通す。

※［かぶの丸ごと煮］ かぶが4つ並んでちょうど座りの良い鍋に、かぶ（皮付き）、昆布5㎝角、かぶが隠れる量の水を入れて弱火にかける。沸いたら昆布を取り出し、顆粒鶏ガラスープの素を加えて蓋をしてさらに煮る。尖ったものを刺してみて、中まですうっと通ればOK。放っておけばいつの間にかできている。

骨付き鶏の香ばしさ

鶏手羽中と大根のシンプル煮

フライパンに手羽中の皮を下にして並べてから火をつける。塩・胡椒して、焼き色が付くまで強めの中火で焼いたらひっくり返す。厚さ5㎜の銀杏切りにした大根を加えて炒め、脂が全体になじんだら水、醤油（控えめ）を注いで蓋。15分煮て最後に醤油で調える。醤油だけでじゅうぶん。

相性の良さを実感

豚こまとピーマンの八角煮

鍋に、ピーマンを手で割りながら種をはずして入れ、水、砂糖、塩、醤油、八角を入れて火にかける。その間に豚こま肉はさっと茹でて霜降りにする。ピーマンが柔らかくなったら豚肉を加え、火を通す。最後に醤油で調える。霜降りはやや面倒だが必ずやって欲しい。澄んだおいしいスープができる。

秋冬の定番

白菜と豚の蒸し煮

豚薄切りに塩・胡椒して、白菜（一玉を半分に割ったもの）の葉と葉の間に挟む。挟み終えてから、鍋の深さに合わせて切り、鍋に隙間なく敷き詰める。鍋は無水鍋。蓋をして中火にかけ、蒸気が漏れてきたら火をやや弱める。20分加熱して完成。肉のうまみだけで白菜を食べる。ぽん酢をかけてもいい。

酸味と脂を味わう

豚と丸のままトマトの煮物

豚ばら肉のブロックは好きな厚さに切り、フライパンで塩・胡椒していい焼き色をつける。トマトは十字に浅く切り込みを入れて鍋に入れ、トマトの高さの半分ほどの水を加えて茹でる。皮がめくれてきたらトングを使ってきれいにむく。トマトの鍋に豚肉を移し、砂糖少々、塩を加えて煮含める。味を見て醤油で調える。

ごぼうが肉のうまみを吸う

ラムとごぼうの時雨煮

フライパンにサラダ油を熱してラム切り落としを加え、塩・胡椒して炒める。ラムの表面の色が変わったら、ささがきごぼうを加えてさらに炒める。水、砂糖少し、醤油、生姜汁を加えて蓋をする。ごぼうがしんなりしたら、蓋を外して水分を飛ばす。この日はごはんにのせて丼に。子どもたちも完食した。

豚の出汁で作るスープ

豚ばらとほうれん草のお吸物

少し残ってしまった豚ばらを活用して汁ものを作るアイディア。豚ばら薄切りに片栗粉をまぶしてお吸物の具にする。鍋に湯を沸かし、酒大さじ1、豚ばら(せん切りにしてから塩をふり、片栗粉をはたく)、ほうれん草、しめじを加えて煮る。アクを取り、醤油、塩、鶏ガラスープの素少しで味を調える。とろみとコクある熱々のスープ。

酢でコクを増す

豚とキャベツの黒酢煮

豚ロース薄切りはさっと茹でて霜降りにする。鍋に手でちぎったキャベツを入れ、塩をふって蓋。しんなりしたら、豚肉、砂糖、黒酢を加えて混ぜ、蓋をして3、4分煮る。黒酢は思い切ってうんとたくさん入れる。味をみて、足りなければ醤油をほんの少し。

ごはんがすすむ味付け

豚と里芋の八角醤油煮

豚ばら肉のブロックは厚さ1cmに切り、片栗粉をまぶしてフライパンで焼く。表面を焼き固めたら湯を注ぎ、八角、砂糖、醤油、茹で卵を加えて20分ほど煮る。ここまで〝ちょい仕込み〟を終えてから出勤。帰宅したら、皮をむいた里芋を加えてさらに15分煮る。醤油+八角+とろみのトリオは相性最高。

3/10

〝肉に合った焼き方を知る〟

鶏もも焼

作り方

鶏肉の皮面を下にしてフライパンにのせてから、強めの中火をつけ、塩をふる。肉の上に平らな皿などを重石代わりにのせる。身の反り返りを防ぎ、皮に均一に火を通す。皮の焼き加減をたまに見つつ、４〜５分焼く。いい焼き色がついたら、ひっくり返して弱火にする。重石はもうのせなくていい。この時点で肉を横から見て７割程度火が通っているとベスト。皮面に塩をふり、弱火のまま4~5分焼く。皮を下にしてまな板に置くと切りやすい。皿に盛って、あればレモンを添える。

〝肉に合った焼き方を知る〟
［鶏もも焼き］の仲間レシピ

焼くだけの基本的なレシピをマスターしたら、バターや醤油、タレで味わいの幅を増やす。

いずれも余熱を味方につけること。火を止め食卓の支度をするうちに〝ふっくら〟が進行する。

甘こっくりなタレで
鶏ももの照り焼き

44ページの鶏もも焼きを作るところまでは同じ。肉を焼く際にかぼちゃとカリフラワーもあいたスペースに並べて焼く。火が通った鶏肉と野菜を取り出したら、いったん火を止める。フライパンに醤油と味醂を各同量、砂糖をほんの少し加えて、再び火をつけて煮詰めてタレを作る。鶏肉だけを戻し、タレを全体にまとわせるようにしてフライパンを揺する。

玉ねぎが名脇役
豚ロースの黒酢煮

とんかつ用のロースを使った。豚肉の筋を切るように包丁を入れ、塩・胡椒する。フライパンに肉と玉ねぎを並べてから火をつけ、強めの中火で肉の両面に焼き色をつける。黒酢と砂糖を加え、蓋をして10分煮る。味をみて醤油で調え、肉を食べやすく切ってから盛り付ける。

薄い肉ならではの歯応え
豚焼き 醤油たらり

しゃぶしゃぶ用の薄切り豚に薄く塩・胡椒してフライパンで焼き、食べる直前に醤油をかけるだけ。フライパンでじわりじわり焼いておいたれんこんと、大根おろしと一緒に。手間がかからないぶん、ちょっと高くてもおいしい肉のほうがより豚肉の甘みを感じられる。

焼き2分、休ませ1分

ステーキと焼き筍

フライパンにサラダ油を熱して牛肉をのせ、片面を強火で1分、裏返して強火で1分焼く。ホイルにくるんで1分休ませる間に、市販品の筍を同じフライパンで焼く。ステーキを切ってから塩・胡椒、のち、レモン醤油。週の谷間の水曜日は、こんな焼くだけメニュー。外食が続いたので、この日はごはんは抜きで。

万人が好きな味付け

しゃぶしゃぶ肉のバター焼き

薄切り肉を使って、3分で一品。フライパンにバターを多めに熱し、塩と胡椒をふる。ふつふつと沸いてきたところにしゃぶしゃぶ用の牛肉を広げながら入れ、絡めながら焼く。肉の色が変わったら、鍋肌から醤油をたらして火を止める。

肉のうまみが凝縮された

牛ロースのくわ焼き

牛ロースに片栗粉をはたき、油を熱したフライパンで焼く。7割火が通ったらいったん取り出す。火を止めてからキッチンペーパーで鍋を拭き、醤油と酒と味醂を各同量と砂糖を入れ、再び火をつけて弱火で煮てタレを作る。肉を戻しタレを絡ませつつ焼く。付け合わせの根三つ葉はさっとゆがき、根っこまで刻んで添える。

適当に焼くからおいしい

合い挽き肉のごろごろ焼き

フライパンに合い挽き肉と椎茸をのせてから火をつける。塩・胡椒。中火で焼いて、焼き色がついたらフライ返しを使って全体をひっくり返す。あまり触らない。最後に鍋肌から醤油をたらし、ざっくり混ぜる。ごろごろしたかたまりの部分と、ぱらぱらほぐれる部分があっておいしい。

焼きたてが一番

鶏レバーの塩胡椒焼き

近所の肉屋さんで購入。ついでに焼き方もアドバイスしてもらう。「血抜きや脂を取り除くのはもう処理してあるから、雑誌に書いてあるような牛乳で洗うとか面倒なことはしなくていい。塩・胡椒して焼いて、焼きたてを食べてね」とのこと。テフロンのフライパンを油をひかずに熱し、レバーをのせて塩・胡椒を振る。両面を焼いてできあがり。

ツンとくる乙な辛味で

鶏もも塩焼き 柚子胡椒と

冷たいフライパンに、鶏もも肉を皮面を下にして置き、火をつける。皿で重石をして強めの中火でじっくり焼き、皮においしそうな焼き色がついたらひっくり返す。火を弱め、今度は重石なしで4～5分焼く。ここまでは44ページの作り方と一緒。レモンではなく柚子胡椒を添えると味わいに変化が付く。

とことん、こってり

豚の柚子胡椒焼き

豚ばら薄切りに片栗粉をまぶし、フライパンで焼く。8割がた火が通ったらいったん取り出す。フライパンをキッチンペーパーでさっと拭き、柚子胡椒+水+味醂+醤油少々を流し入れて沸かせる。肉を戻してタレを絡めながら炒める。添えるのはマヨネーズ。ちょん付け。せん切りしたキャベツをくるむとうまし！

4/10

“切り身を活用する”
焼き魚のさっと煮

作り方

鯛の切り身に塩をふって15分置き、キッチンペーパーで水気を拭く。コンロの魚焼きグリルで皮面を焼く。カリッと焼ければOK。底の平らな鍋に鯛とチンゲン菜の軸を並べる。水(魚が半分隠れるくらいの量)と醤油を入れて、その上をチンゲン菜の葉で覆うようにしてから中火にかける。葉が落し蓋の代わりにもなるので、蓋はいらない。沸いたら中火にして、2分煮て火を止める。余熱で火を通し、ふっくら仕上げる。煮すぎると身が硬くなるので、食卓の支度の一番最後に作り始めるくらいでいい。

〝切り身を活用する〟

［焼き魚のさっと煮］の仲間レシピ

身の表面を焼き固めることで煮魚よりも失敗しにくく、うまみも逃げ出しにくくなる。

野菜や豆腐と煮ればボリュームある一品に。煮すぎは禁物。余熱の力で柔らかく仕上げる。

皮までおいしい

焼き鯛のさっと煮

真鯛は塩をふってから15分置き、水分を拭いてから、ガスコンロで皮面を色良く焼く。鍋に焼き鯛、厚揚げを入れて水を注いで火をつける。醤油を回しかけ、ほうれん草で覆って蓋を。弱めの中火で煮始め、煮立ってから2〜3分煮たら火を止め、余熱でふっくら仕上げる。刻んだみょうがを添える。鯛からいいスープが出て、醤油だけで本当においしい。

酸味と脂のメリハリ

塩鯖とじゃがいものトマト煮込み

鯖の切り身は食べやすい大きさに切って薄く塩をふり、出てきた水分をふく。フライパンに油をひき、サイコロ状に切ったじゃがいもを炒めて塩・胡椒する。しんなりしてきたら端に寄せ、あいた場所に鯖を並べる。蓋をして蒸し焼きにする。鯖をひっくり返し、乱切りトマトを加え再び蓋。味をみて足りなければ塩で調える。

脂をあっさり食べる

鯖のみぞれ煮

鯖の切り身をひと口大に切り、塩をふって15分置いてから水分をふく。フライパンで焼き、火が通ったら大根おろしをたっぷりと、手でちぎった海苔を加えてひと煮立ちさせる。大根おろしの水分は全部加えること。味をみて、醤油を少し加えて調える。鯖から出てきた脂がおいしい調味料になる。

濃い旨みが生きたひと皿

焼き鯖のトマト煮

鯖の切り身をひと口大に切り、薄く塩をふって15分置いてからキッチンペーパーで水気を拭く。玉ねぎと一緒にフライパンに並べて焼く。鯖の表面が焼けたら、トマトの乱切りを加えて、砂糖をほんの少し（トマトの角を取るため）加える。蓋をして中火で煮て、トマトがほろっと崩れてきたらできあがり。味をみて醤油少々で調える。

スープが新鮮な味わいに

焼き鯖と豆腐のスープ

鯖は魚焼きグリルかフライパンで皮面にいい焼き色をつけておく。鍋に湯を沸かし、ひと口大に切った焼き鯖と豆腐を加えひと煮立ちさせる。味をみて塩、香り付け程度に醤油をたらす。子どもも大好きな、食べるスープ。時間があれば、里芋や人参など根菜を加えてもよく合う。

根菜と青魚は好相性

焼き鯖とごぼうの鍋

魚焼きグリルにホイルを敷き、鯖をのせて皮面をこんがり焼いておく。鍋に水とささがきごぼう、舞茸を入れ火にかける。ごぼうが柔らかくなったら、鯖と焼いたときに出た脂を加えて、蓋をしてさらに中火で煮る。味付けは醤油のみ。鯖の香ばしい焼き風味と脂が素晴らしい調味料になる。食べるときにすだちをきゅっと搾ると乙な味に。

軽い脂が蕎麦に合う

鯖せいろ

魚焼きグリルにホイルを敷き、鯖の皮面を色よく焼く（脂がおいしいので捨てない）。その間に鍋に水とささがきごぼうと塩をひとつまみを火にかけ、柔らかく煮えたら、ほうれん草、鯖、鯖の脂を加えて煮て、醤油で味を調える。別の鍋で蕎麦を茹で、冷水で締める。青魚を焼いて汁もののだし代わりに使うのが気に入っている。うまみの磁場。

シチューのような一品

さわらと山芋のあおさソース

さわらの切り身は、薄くふり塩をして15分置いてからキッチンペーパーで拭く。フライパンにバターを熱し、さわらと山芋（半月切り）をのせて両面を焼いて塩・胡椒する。さわらに焼き色がついたら牛乳と乾燥あおさを加え、中火で5分煮る。味をみて塩で調える。山芋のねばねば効果で、自然とシチューのようなとろみがつく。

焼かないアレンジ

鰯とねぎの梅鍋

鰯はワタを取ってよく洗い、水気を拭いてぶつ切りしておく。鍋に水、梅干、生姜を加え火にかけ、沸いたら鰯と焼きねぎを加え、アクを取りつつ15分煮る。香り付けに醤油をほんの少し、すだちをキュっと。ほろほろの鰯、脂が溶け出たスープ…夫曰く「鰯ってこんなにおいしかった？」とのこと。鰯は他の魚と違って皮がもろいので、焼かずに調理する。

缶詰だって活躍

さんまの味噌汁

さんまの味噌煮缶詰を味噌汁の具に。鍋に水を張って人参を加えて火にかける。柔らかくなったら、スプーンですくった豆腐、さんまの缶詰とニラを加えてひと煮立ちさせる。味をみてから味噌を加え、生姜汁をたっぷり加えてできあがり。

5/10 “出汁に頼らない” 赤と白のスープ

作り方

白：豆乳とあさりのスープ
鍋にあさりを入れ、あさりの殻が半分浸かるくらいの量の水を入れて火にかける。蓋をして、沸いたらアクを取る。殻が全部開いたら、あさりが全部浸かる程度まで豆乳を足し、ふつふつと煮立つ直前に味噌を溶く。

赤：トマトと厚揚げのスープ
粗いみじん切りにしたトマトと水お玉一杯を鍋に入れて火にかける。塩と砂糖をひとつまみ加える。砂糖がトマトの角を取ってくれる。蓋をして5分ほど中火で煮る。トマトから十分な水分が出てきたら、食べやすい大きさに切った厚揚げを加え、味をみて鶏ガラスープの素で調える。ひと煮立ちしたら火を止める。

〝出汁に頼らない〟
［赤と白のスープ］の仲間レシピ

うまみと栄養価を兼ね備えた２色の食材を使ったスープが、献立の風景を新しくする。
加熱されたトマトのコクは素晴らしく、味わい深い豆乳はそれだけで良質の蛋白源だ。

味噌のコクでまろやかに

焼きトマト味噌汁

皮付きのまま乱切りしたトマトをテフロンのフライパンにのせてから火をつけ、中火で焼く。しんなりしてきたら、豆腐を手でちぎって加え、水と砂糖ほんの少しを加えてひと煮立ちさせる。味噌を溶いてできあがり。

冷たくて
喉越しさわやか

モロヘイヤとトマトの冷製

モロヘイヤは茹でて刻んで、さらに細かく叩いて粘りを引き出してボウルに入れる。そこへトマトの粗みじん切り、ひきわり納豆、醤油ほんの少し、ポン酢を好量加えてよく混ぜて、食べる直前まで冷蔵庫で冷やしておく。

フライパン
ひとつで

焼きトマトのシンプルなスープ

フライパンにオリーブ油を熱し、横半分に切ったトマトを断面を下にして並べる。塩をふって、あとは蓋して15分中火で焼くだけ。酸味が強すぎる場合は、砂糖を少し加えると角が取れる。水分がたっぷり上がってくるので、汁ごと器へ。

とろみが
ユニーク

トマトと長芋のねばねばスープ

鍋にオリーブ油をひいて角切りトマトを炒め、水分が出てきてぐつぐつ沸き出したら、すりおろした長芋を加える。ちぎったハムと小口切りのオクラを加え、ひと煮立ちしたら顆粒のコンソメ、塩、胡椒で調える。

昆布とトマトは
相性最高

トマトおぼろ昆布食べるスープ

湯むきしたトマトを粗く刻んで小鍋に入れる。顆粒の鶏ガラスープ素をほんの少し（小指の爪程度）と、おぼろ昆布をほぐして加えて、弱火で温めながら箸でちゃっちゃっとつついてほぐす。湯むきだけが手間だけど、なんてことなく滋味。

ボリューム満点

白菜とトマトの梅スープ

白菜は手でちぎり、塩をふってぎゅうぎゅうもんでからフライパンに入れ、中火にかけて炒める。この間に春雨を湯で戻しておく。白菜がややクタっとしたら、水、トマト缶、梅干し（種を取って実を手でほぐす）を加え、白菜が柔らかくなるまで煮る。春雨を加えてさらに5分煮て、味をみて足りなければ、鶏ガラスープの素少々で調える。

とろける舌触り

トマトのかき玉汁

フライパンにごま油を熱し、乱切りトマトに塩と砂糖少々をふって炒める。トマトの角が取れてクタっとしたら水を足し、ひと煮立ちしたら鶏ガラスープの素を加える。水溶き片栗粉でとろみをつけ、溶き卵（塩少々加えたもの）を少しずつ流し入れる。玉子の山が膨らんでぽこんと弾けたら火を止める。

赤、黄、緑で食欲を誘う

焼きトマトとニラのスープ

フライパンにオリーブ油を熱し、粗く刻んだトマトを並べて焼く。塩して、蓋してほったらかし。トマトがしんなりしたら、水、鶏ガラスープの素を加え、沸いたらニラのみじん切りを加える。ひと煮立ちしたら溶き卵を流し入れてできあがり。

焼き目がいい出汁になる

焼き白菜と春雨の豆乳汁

フライパンに油をひき、白菜を焼く。やたらと混ぜないで、ほったらかし焼きにすること。焼き目がついてしんなりしたら、豆乳と春雨（水で戻したもの）を加えて中火で10分煮る。味をみつつ、鶏ガラスープの素と塩で調える。

胃に染み渡る

しじみと青菜の豆乳汁

鍋に水と豆乳を1:1、しじみ、厚揚げを入れ、弱めの中火で煮始める。しじみの殻が開いたら、食べやすい大きさに切った小松菜を加え、柔らかくなったら塩と醤油をほんの少し加えて味を調える。全部を豆乳にしてしまうと、煮ているうちにダマダマして重くなりすぎる。しじみからいい出汁が出るので、調味料は最少限でいい。

食欲のないときにも

豆乳と生姜のスープ

シンプルなスープ。鍋に豆乳を温め、塩を加える。決して沸騰させないように弱火で。おろし生姜をたっぷりと、市販の練りごま(原材料がごまだけのものを選ぶ)を加え、味をみて足りなければ塩で調える。ひと煮立ちしそうになったところで火を止める。これは献立に変化が出ておいしい。

材料はたった2種類

潰し里芋の豆乳味噌汁

里芋はよく洗って、皮がついたまま蒸籠《せいろ》で柔らかく蒸しておく。手で皮をつるんとむいて軽く握って潰し、椀にのせる。温めた豆乳に味噌を溶いたものをかけ、胡椒を挽く。里芋は多めに蒸しておけば、冬場は冷蔵庫で3〜4日持つ。

6/10

ほったらかし野菜炒め

〝蓄電させるように焼く〟

作り方

れんこんは厚さ5ミリに切る。スナップエンドウは筋を取る。フライパンに油をひき、中火にかける。温まったら、塩をひとつまみふって混ぜ、それかられんこんとスナップエンドウを加える。油を野菜の表面にまとわせるイメージで混ぜる。蓋をして弱めの中火にし、野菜にじわじわと充電させるイメージで焼く。蓋に水滴が付いていてシューシュー水分が熱せられる音がしているうちは、フライパン内に潤いが満ちているので食材は焦げない。2〜3分たったら蓋を外し、鍋肌から醤油を回しかけ、フライパンを大きく揺すってから火を止める。

〝蓄電させるように焼く〟

［ほったらかし野菜炒め］の仲間レシピ

野菜炒めは、触りすぎないほうが余分な水分が出ない。野菜の味を際立たせたいから、使う野菜は２種類まで。歯応え重視の場合は蓋なしで、くたっとさせたいときは蓋をする。

味噌でコクを出す

茄子とパプリカの炒め焼き

茄子は皮付きのまま乱切りに。黄と赤のパプリカは手で割りながら種をはずす。フライパンに油を温め、まず塩をふって油と混ぜる。茄子とパプリカを加えて、油を馴染ませるように混ぜる。味噌少量を野菜の上にのせ、蓋をして弱めの中火で焼く。途中何度か混ぜているうちに、熱で味噌が柔らかくなり、野菜となじむ。しんなりしたらできあがり。

色合いも鮮やか

ズッキーニと人参の塩炒め

好みの大きさに切った人参を、ごま油を熱したフライパンで炒める。塩ひとつまみ。全体に油がまわったら、蓋をして弱火で5分火を通す。人参と同じ形に切ったズッキーニを加えて、混ぜ合わせて蓋。2〜 3分経ったら火を止めて、食卓が整うまで放置。最後に塩で調える。

シャキシャキが身上

山芋とセロリの焼いたの

山芋は短冊切りに。セロリは筋を取ってから、山芋と厚さを揃えて斜めに切る。フライパンに油を温め、まず塩をふって混ぜる。山芋とセロリを重ならないようにフライパン一面に広げ、たまに様子を見てひっくり返す。最後にレモンを搾る。

くたくたの食感

春菊とえのきのオイル蒸し

フライパンにオリーブ油とニンニク、塩を熱し、春菊とえのきを炒める。全体に油がなじんだら蓋をして、好みの柔らかさになるまで弱めの中火で2〜3分火を通す。

重ねる順番がポイント

レタスの蒸し焼き

フライパンに縦に薄切りしたブロッコリーを並べて塩をふり、レタスで覆って蓋がわりにする。中火で蒸し焼きのようなていにする。レタスがしんなりして馴染んできたら火を止めて、醤油と白ごまを回しかけるだけ。

お酒にも合う

れんこんと唐辛子のほったらかし

れんこんは皮をむいて厚さ5ミリに切る。甘長唐辛子は斜め半分に切る。フライパンに油を温め、まず塩をふって混ぜる。れんこんと甘長唐辛子を重ならないようにフライパンに広げ、たまに様子をみてひっくり返す。蓋はしない。鍋肌から醤油を垂らし、5秒強火にしてフライパンを振ってから火を止める。最後に一味をふると味が締まる。

相性抜群の組み合わせ

茄子とクミンの蒸し焼き

茄子は皮をむいて縦に二等分する。フライパンに油とクミンシードを入れ火にかけ、茄子を並べる。塩をふり、弱めの中火にして蓋をする。焼き色がついたらひっくり返し再び蓋。水を足したくなる気持ちを堪え自前の水分だけで蒸す。最後に再び塩、胡椒。他は足さず我慢。朝作って夜食べたら、クタクタの染み染み。

止まらない美味しさ

ブロッコリーのほったらかし

名もなきおかず。フライパンにオリーブ油を温め、ブロッコリーを炒めて塩をふる。蓋をして弱めの中火で火を通す。途中何度か蓋をあけてかき混ぜつつ、基本的にはほったらかしでいい。

懐の深い不思議な野菜

カリフラワーの青海苔おかか

カリフラワーは厚さ5㎜の薄切りにする。フライパンにサラダ油を熱し、カリフラワーを並べ、中火で塩をふって蓋。ぱちぱち弾ける音がしてきたらひっくり返し、2〜3分焼いて火を止める。あとは余熱で火を通す。支度が整ったら、青海苔、おかかをふってからテーブルへ。

ほのかな苦味もご馳走

春野菜の蒸し焼き

フライパンにオリーブ油とニンニクを熱し、ブロッコリー、スナップエンドウ、菜の花を入れて炒め、油をまとわせる。蓋をして弱火で10分蒸し焼きに。仕上げにレモンを搾り、塩をふって食べる。

切り方で見違える

リボンきんぴら

ごぼうと人参はピーラーで薄くむく。フライパンに油を熱し、ごぼうと人参を入れ、砂糖と塩をふって炒める。炒めるというよりは、薄く丸く広げてじっくり焼き、たまに箸で動かすくらい。最後に鍋肌から醤油を少しだけ加え、全体を混ぜる。ピーラーが少し面倒だけれど、薄いのですぐ火が通って楽。

歯応えを残す

ヤングコーンとインゲンの焼き物

インゲンは食べやすい長さに切っておく。フライパンに油を熱し、塩をふって油と混ぜる。インゲンとヤングコーンを重ならないように並べ、表面に油をまとわせるように炒めたら、もうあまり触らない。くたっとさせたくないので、蓋をせず、たまに転がしながら中火で焼く。ほんの少し焦げ目がついたインゲンが美味。仕上げに塩をふって、熱々を食べる。

7/10

〝組み合わせを楽しむ〟
切るだけサラダ

作り方

人参、きゅうり、山芋をせん切りにして、貝割れ菜と一緒にボウルに入れる。貝割れ菜と山芋が糊のような役割りを果たし、具をまとめやすくする。薄く塩をふって全体を混ぜ合わせる。味をつけるためではなく、具を馴染みやすくするための塩。だから入れすぎないこと。市販の練りごま、醤油をボウルに直接入れてよく混ぜる。最後に白ごまを軽くすって加え、混ぜ合わせてできあがり。

刻んだ野菜は、薄く塩をふってから、皿などで重石をする。漬物ではないので、きっちり重石をする必要はないけれど、軽く重石をしたほうが具材が馴染んで扱いやすい。

〝組み合わせを楽しむ〟
[切るだけサラダ]の仲間レシピ

サラダほど懐が深い料理はない。生の野菜を切って、調味料と和えるだけ。だからこそ、〝レタスとトマト〟像にとらわれない素材の組み合わせと、ドレッシングの発想力が鍵になる。

酸&人参の王道レシピ

人参とナッツのラペ

おろし金ですりおろした人参をボウルに入れ、オリーブ油、塩、酢、砂糖をふりかけてから空気を含ませるようにしてよく混ぜ合わせる。無塩のナッツをすり鉢で細かくあたって加える。できたてのフレッシュもおいしいし、ひと晩置いて味がなじんだものもいい。

ニンニク油が
食欲をそそる

レタスのサラダ

レタスは手でちぎって皿に盛っておく。みじん切りしたニンニクとごま油をフライパンに入れ、火にかける。ニンニクが焦げる寸前に火からおろし、レタスにジュッとかける。ぽん酢をたらしてできあがり。

和食の定番、
気軽なサラダ

紅白なます

和食の定番も、気軽なサラダの一種。大根と人参を2:1(白多め)でせん切りし、塩を振って軽くもむ。小皿などで重石をして20分ほど置き、出てきた水分をぎゅっとよく絞る。砂糖と酢を好量ふりかけ、箸でよく和えるだけ。

薬味好きに贈る

三つ葉と貝割れ
香り高いサラダ

洗って水気を切った三つ葉と貝割れ、みょうがを食べやすい長さに切り、サラダ油をかけてなじませる。醤油とすだちを好量加え、さっくり混ぜるだけ。

生の風味を楽しむ

マッシュルームの塩昆布サラダ

薄切りした生の白マッシュルーム、玉ねぎ、みょうがを、レモン、オリーブオイル、塩昆布を混ぜ合わせたドレッシングで和えるだけ。

香りが鼻を抜ける

キャベツと大葉のサラダ

キャベツの葉の間に大葉を挟んでくるくる巻いて、それからせん切りに。切っているそばからいい香り。いちど水に放ってから、水気をよくきる。おかか、ちぎった海苔をのせて、醤油と酢とサラダ油を2:2:1で合わせたドレッシングをかける。

白ワイン泥棒

たらこと人参のサラダ

人参は大人ひとり一本。人参はなるべく細く刻んで、オリーブ油とレモン汁、砂糖ほんの少しで和える。砂糖を入れると、生の人参の苦味というか〝角〟が取れる。たらこは皮をツーと切り開いて、スプーンでしごいて、人参に加えてよく混ぜ合わせる。

夏の乙なサラダ

万願寺唐辛子とトマトのサラダ

乱切りしたトマト、小口切りした万願寺唐辛子(生のまま)、みょうがをポン酢で和える。スプーンですくって食べたい、大人なサラダ。

味を探しながら食す

カラフル
切るだけサラダ

冷蔵庫に残っていた人参、大根、山芋、きゅうりを小さめのサイコロ状に刻んで、薄く、ほんの薄く塩をして混ぜ合わせる。60ページのように、ひっくり返した五寸皿をのせて重石代わりにして、15分ほど置く。皿を手で押さえれば、余分な水分も捨てられる。何もかけないでこのまま、よく噛みながら味を口腔内で探して食べるのが最近気に入っている。

韓国料理をヒントに

アボカドと
マッシュルームのナムル

生マッシュルームは布巾でさっと汚れを払い、薄切りにする。アボカドは皮と種を取り除いて厚さ1センチに切る。ボウルに塩とごま油を好量で合わせて、よく混ぜ合わせておく。マッシュルームとアボカドをボウルに加え、さっと混ぜ合わせてできあがり。

ごま油とごまの
香り高き

きゅうりと
パクチーのサラダ

きゅうりは薄く切って、塩もみしてしばらく置き、水気をよく絞る。きゅうりとパクチーを酢と醤油で和え、カンカンに熱したごま油をジュッとかける。最後に白ごまを振る。

食欲がない日も
するする入る

すっぱい
キャベサラ

これはいつだったか、疲れていて、すっぱい繊維質の大盛りを欲した日。せん切りにしたキャベツに塩を薄くふって、10分置いてから水気をぎゅうと絞る。ツナ缶にオリーブ油、酢、塩、胡椒を混ぜてツナドレッシングを作り、キャベツと混ぜ合わせる。

8/10

〝薄め方がコツ〟飲みたい酢の物

作り方

山芋はせん切り、オクラはさっと茹でて小口切りにする。乾燥わかめは水で戻しておく。二杯酢を作る。耐熱容器に醤油と酢を1:1で合わせて混ぜ、レンジで20秒加熱する。ツンと来る酸味が減り、うまみだけが残る。二杯酢を水で少し薄め、具にかける。二杯酢に昆布を漬けて密閉容器で保存すれば、より風味が増す。2週間ほどで使い切る。

〝薄め方がコツ〟
[飲みたい酢の物]の仲間レシピ

〝甘苦辛酸塩〟の五味の中で、体に染み渡るのは酸味だけ。二杯酢やごま酢などの定番以外にも酸っぱさの幅を身につけ、たっぷりの野菜やきのこと一緒に最後の一滴まで飲み干そう。

甘く香る変化球

梨と山芋の酢の物

梨と山芋は皮をむいてサイコロ状に切る。作り置いた鮨酢(酢、塩、砂糖)をボウルに入れ、水を加えてのばし、すだちを搾る。そこに梨と山芋を加えて和え、最後に大葉のみじん切りを。味をみてもっと酸っぱくしたければ酢を足す。

甘さ加減はお好みで

みょうがの甘酢漬け

みょうがは火が通りやすいようお尻に切り込みを入れてから、熱湯で2分茹でる。ボウルに酢と味醂を3:1と、砂糖を好きな量加えて合わせておき、湯切りしたみょうがを浸けてひと晩以上置く。食べる際に半分に切る。

困ったときのもう一品

きゅうりとごまの シンプルな酢の物

きゅうりは薄く切って、塩をふってもみ、5 分置く。水気をぎゅっと絞り、好みの量の砂糖と酢を加えてよく混ぜ合わせる。味付けが心配なら、少しずつ加えて味見を繰り返せばいい。最後にすり白ごまをたっぷり加える。

淡い色合いも美しい

みょうがと ハムの酢の物

細く刻んだハムとみょうがをボウルに入れ、砂糖、塩を加えて和え、酢を注ぎさらに混ぜる。最後にごま。15分置いて落ち着かせる。互いに絡みつく細い具の場合は、あらかじめ調味した酢を用意してから具と合わせるのではなく、この作り方でじゅうぶんおいしい。

あともう一品欲しいときに

もずく きゅうり

きゅうりは薄切りにして、軽く塩して5分置く。その間に大葉を刻む。きゅうりからたっぷり水気が出てくるので、ぎゅっと絞る。市販のもずく酢、大葉、きゅうりを和えるだけ。2分で完成。小分けパックのもずく酢は宅配のパルシステムでよく買っている。

くたくたの食感がごちそう

ねぎの 梅酢浸し

ねぎは好きな長さに切って縦に割り、薄く塩をふっておく。魚焼きグリルでしんなりするまで焼く。タッパーに梅酢と味醂を3:1で合わせ、焼けたねぎをどんどん浸していく。熱が取れるまでそのまま冷ます。

冷たいふりかけ代わりにも

ニラの 酢醤油

ニラを粗みじん切りにして、酢と醤油を1:1の割合でひたひたに注ぐ。ごまを好量加えて冷蔵庫へ。半日くらい置く。熱々のごはんや冷奴にのせたり、なにかと使える。

滋味深い組み合わせ

焼椎茸とニラの酢の物

椎茸を魚焼きグリルで焼き、そこそこ熱いうちに切って、砂糖と酢をかけてなじませておく。熱が取れたら、みじん切りのニラ、ちぎった海苔を加えてよく混ぜる。加熱した具を使うときは、砂糖と酢を直にかければなじむ。酢の物作りがうんと楽になる。酢を吸った椎茸がみずみずしい。

歯応えもご馳走のうち

蛇腹きゅうりの甘酢

きゅうりの蛇腹(じゃばら)切りにはまっている。きゅうりは蛇腹に切り目を入れ(表と裏というか、二方向から)、ひと口大に切り、塩をふって10分ほど置いて軽く絞る。密閉袋にきゅうり、砂糖、酢を入れてしゃかしゃか、のち、軽くもんで冷蔵庫へ。写真は丸1日置いたもの。

疲れた胃に優しい

きのこの温かい酢の物

夏の冷房で冷えた体に染みる温かい酢の物。小さめの煮干しと水を小鍋で15分ほど浸けておく。鍋に小口切りオクラ、椎茸、えのきを加えて火にかける。2〜3分煮たら、酢を好みの量、砂糖と塩、鶏ガラスープの素少々を加えて味をみる。ひと煮立ちしたら火を止める。煮干しも丸ごと食べる。

9/10

“ちょい仕込みを活用する”
刺身まぜ寿司

作り方

すし酢を作る：酢90ml、砂糖30g、塩25gをよく混ぜ、一日置く（砂糖が溶けるのに時間がかかる）。すぐ使いたい場合は、熱いごはんにかければ砂糖が溶ける。市販のすし酢を使ってももちろん構わない。

魚の漬けダレを作る：鍋に酒と味醂を1:1で煮立て、沸いたら醤油2を加える。煮立つ直前で火を止める。冷めてから、食べやすい大きさに切ったまぐろを10分以上漬ける。

ごはんにすし酢を混ぜ、刻んだみょうが、生姜、海苔を混ぜて酢飯を作る。酢飯、まぐろ、酢飯、まぐろ…の順に、空気を挟むようにふんわり重ねながら盛る。

〝ちょい仕込みを活用する〟

［刺身まぜ寿司］の仲間レシピ

すぐ食べられる刺身は、忙しい毎日に取り入れたい便利な食材。日持ちする漬けダレとすし酢さえ作っておけば、意外と簡単だ。塩や柑橘、ゆかりなども心強い調味料になる。

漬けダレ要らず

まぐろとアボカドの黒ごま丼

まぐろのぶつ切りをボウルに入れ、醤油をかけて指で混ぜてなじませる。ごはんを炊き、すし酢を混ぜておく。ボウルにアボカドを加え、すった黒ごまをたっぷりかけて和えてから酢飯にのせる。

サクが手に入ったら

かつおの漬け丼

かつおのサクを好みの厚さに切り、右で作った漬けダレ(鍋に味醂と酒を1:1加えて煮切り、そこに醤油2を加えて、沸騰直前で火を止める)に15分ほど漬ける。ごまと大葉を混ぜた酢飯にのせる。玉子焼きは朝ごはんの残り。前の晩の残りものの、きゅうりの酢の物を添えた。

カベルネ色の艶

まぐろ漬け丼

鍋に味醂と酒を1:1加えて煮切り、そこに醤油2を加えて、沸騰直前で火を止める。熱が冷めたら、まぐろの切り身を15分漬ける。ごはんにちぎった海苔を混ぜておく。酢飯ではなくふつうの玄米ごはんで作ってみた。タレは多めに作っておけば、冷蔵で1週間ほどもつ。

さっぱりと香り高い

レモンと生姜を効かせたお寿司

醤油とレモンと生姜汁を合わせ、市販の刺身を10分漬けておく。ごはんにはすし酢ではなく、ゆかりと白ごまを混ぜておく。バランスよく刺身を盛り付け、大葉のせん切りをのせる。

漬けダレではなく塩で

おつとめ品で海鮮丼

閉店間際のスーパーへ駆け込み、半額になっていた刺身を手に入れた日。漬けダレを作る余裕がなかったので、刺身に塩をふって、指で和えてなじませる。ご飯には、ごま、ゆかり、生姜と大葉のせん切りを加えてよく混ぜる。魚に塩を効かせたさっぱりした味わいで、これはこれでおいしい。

貝割れの苦味がポイント

サーモンと貝割れの混ぜ寿司

鍋に味醂と酒を1:1で煮立て、醤油2を加え、ふつふつと沸く直前で火を止める。朝のうちにここまでちょい仕込みをしておく。スーパーでサーモンのサクなり刺身を買い、貝割れ菜とともにタレに漬けて15分置く。ごはんに新生姜の甘酢漬けの汁と、刻んだ生姜を混ぜ込んで酢飯にしてみた。

脂のうまみを引き出す

かんぱちの味噌漬け丼

かんぱちのサクが安かった。味噌を全面に塗りラップでくるんで冷蔵庫へ。ここまで前の晩に仕込んでおいた。味噌をぬぐって大人はごはんにのせ、子どもには焼いたものを出した。盆に帰省した際、母がツバイソだったかコズクラだったか味噌漬けしてくれたのがおいしかった。鰤より脂が軽く、味噌と好相性。さすが、きときと富山県人のレシピ。

色合いにぎやか

サーモン ちらし寿司

サーモンのサクがお買い得だったので衝動買い。サーモンは小さめのひと口大に切り、醤油をかけてなじませておく。酢飯は酢、砂糖、ゆかりを混ぜた即席で。白ごまを加えると風味がいい。まず酢飯に刻んだ海苔をまぶし、その上にアスパラ、錦糸卵（やや甘めにすると他の具とのバランスよし）、トマト、サーモンを散らす。

趣きが変わって乙

まぐろ漬け丼 辛子添え

まぐろの漬けダレは69ページと同じ。鍋に味醂と酒を1:1加えて煮切り、そこに醤油2を加えて、沸騰直前で火を止める。熱が冷めたら、まぐろの切り身を15分漬ける。ごはんは作り置いたすし酢とごまを加えたもの。まぐろにわさびではなく辛子を添えると、味の目先が変わって新鮮に感じられる。

刺身のうまみを引き立てる

真鯛の煎り酒浸し

煎り酒を真鯛の刺身にかけるだけ。いつもの刺身にぐんと変化がつく。
※煎り酒　酒200ccと梅干し大1〜2個（潰してほぐす。種も入れる）を小鍋に入れ弱火にかける。沸いたら弱火で15分煮て、鰹節ひとつまみ加えてさらに3分。冷めるまでそのままで。ざるにキッチンペーパーを敷いて、静かに濾す。飲みきれなかったお酒で作った。

10/10

“旬と米のペアリング” 炊き込みごはん

作り方

朝のうちに水に昆布と小さめの煮干し(頭とワタを取る) を浸し、水出しの出汁を仕込んでおく。椎茸としめじを手で割いてほぐす。米を洗い、出汁と煮干し(水出しの出汁から取り出したもの)を加え、塩ひとつまみ、醤油少々を加えてさっとひと混ぜする。椎茸としめじをのせ、蓋をして通常と同じように炊く。きのこはたくさんの種類を入れすぎてしまうと味がまとまらず、各自の持ち味が生きない。２種類、多くても３種類まで。朝のうちに出汁を仕込む時間がなければ、米を炊くときに水、5㎝角の昆布、煮干しを加えて炊く。

〝旬と米のペアリング〟

[炊き込みごはん]の仲間レシピ

利那の旬とお米とを一緒に炊くという、日本の素晴らしいレシピで10品目を締めくくる。
四季の「食べたい」気分の食材を見つけたら、水と塩を加えて一緒に炊いてみよう。

ほろ苦さとごはんの甘み

春の緑、炊き込みごはん

ごはんをいつもと同じように炊き始める。菜の花、蕗の薹、スナップエンドウを塩を加えた湯で硬めに茹で、水気を絞って刻んでおく。ごはんが炊き上がるころ、刻んだ野菜としらすを加え、オリーブ油をひと回しして蓋。10秒強火にして、火を止めてから5分蒸らす。最後にバターを加えて混ぜる。

甘い実の香り

落花生ごはん

落花生は殻をむいてからひと晩水に浸ける。鍋に米、米と同量の水、塩ひとつまみを入れかき混ぜる。落花生をのせていつもと同じように炊く。どこからとなくバターのような香り。ゴロゴロ、ホクホク、うまし。

春を知らせる

グリーンピースごはん

鍋に洗った米、米と同量（※米が2合の場合、水は360ml）の水、塩ひとつまみ、サヤから取り出したグリーンピースをのせ、いつもと同じように炊いて5分蒸らす。

たまの贅沢に

新茶と桜海老のごはん

いつも通り米を炊く。ただし、塩ひとつまみ加える。煎茶の茶葉小さじ1強をフライパンで1分空炒りする。この時点で台所に芳香が満ちる。ごはんが炊けたら、茶葉、釜揚げ桜海老をのせ10分蒸らす。和食店で食べたごはんが忘れられず、家族にも食べさせたくて自己流で真似してみた。

国民的、夏の風物詩

とうもろこし
ごはん

とうもろこしは包丁で実をこそげ取る。鍋に米と水を入れ、とうもろこしをのせ、塩と醤油をほんの少し入れていつもと同じように炊く。炊き上がり30秒強火にして、ごはんにおいしそうな焦げ目をつける。

故郷の思い出の味

鮎ごはん

誰かしらが獲れたての鮎を届けてくれるのが富山の実家(庄川近く)あるある。帰省した際、実家では食べきれないので、塩焼きにしてから保冷パックに入れて東京へ持って帰ってきた。鍋に米、米と同量の水、塩ひとつまみ、酒大さじ2、醤油少しを加えて炊く。炊き上がる少し前に鮎を並べ、蓋して10分蒸らす。みょうがと紫蘇をたっぷり散らせばできあがり。

ねぎの甘みが活きる

あさりとねぎの
炊き込みごはん

あさりは殻からむいた生のもの(市販品)を使う。鍋に米と水、小口切りねぎ、あさり、酒大さじ1、塩ひとつまみ、醤油ほんの少しを入れて軽く混ぜ、普段と同じように炊く。

クミンが香り立つ

イカとアスパラの炊き込みごはん

市販の冷凍のイカを解凍し、食べやすくそぎ切りにする。アスパラもイカと大きさを揃えて切る。鍋に米2合と水360ccを入れてイカをのせ、クミンシード大さじ1、塩2つまみ、バターひとかけを入れて蓋。いつもと同じように炊く。炊き上がり5分前にアスパラを加えて蒸らす。食欲がなくともすいすい食べられる。イカ、柔らか。

鯖の脂まで余すことなく

焼き鯖とごぼうのごはん

三枚おろしの鯖に塩をふり少し置く。その間にごぼうをささがきにし、ねぎの青い部分を小口切りにする。鍋に米、水、ごぼう、ねぎ、醤油、塩少々を入れ火にかける。その間に鯖から出た水分を拭き、魚焼きグリルで焼く。炊き上がり10分前に、ごはんの上に鯖をのせ、蓋をして再び炊いて10分蒸らす。

主役は繊細なごぼう

あさりと新ごぼうの炊き込みごはん

鍋に酒と水を1:1、あさりを入れ、殻が開いたら火を止めて汁と身を分けておく。米に塩ひとつまみ、あさり煮汁、醤油少々、ごぼう（表面の皮に近いほうだけ、薄いささがき）を加えて炊く。水分の量はトータルで米の1.1倍程度。炊き上がったらあさりの身をのせ、10分蒸らす。

秋だけのごちそう

銀杏ごはん

キッチン鋏で殻を割った銀杏。水に数時間浸け薄皮をむきやすくする。殻割りに失敗し実が割れてしまったものも多いので、もう全部手で半分に割いた。ここまで朝のちょい仕込みですませておく。鍋に米、水、塩ひとつまみ、銀杏を加えて通常と同じように炊く。銀杏の歯ざわりが素晴らしい。

さわやかな風味を効かせた

生姜と油揚げの炊き込みごはん

生姜はみじん切り、油揚げは小さな角切りにしておく。鍋に米と水を入れ、醤油ほんの少しと塩ひとつまみを加えて軽く混ぜる。生姜、油揚げを広げてのせ、蓋をしていつも通り炊く。

きほんの10品で

献立はこんなふうに組み立てる［応用編］

基本の10品の応用編である
〝仲間レシピ〟を使った献立例を、
食べたい気分にそうように
春夏秋冬で思い描いてみる。

春

畑、海、山の全方位から
次々と旬が届きはじめ
スーパーの景色は一変する。
〝新〟がつく柔肌の野菜や
一瞬の出合い、山菜の苦味。
ふとかごを見たら、
アスパラ、そら豆、菜の花…
新鮮な緑でいっぱいだ。
その美しい色が映えるように、
卵やトマトで献立を調える。
土深く育った根菜ばかりの
秋と冬を乗り切った後は
レシピも俄然色めき出す。

アスパラが食べたい！

❶ 焼きアスパラ目玉焼きのせ

p.36

←

❺ トマトと長芋のねばねばスープ

p.53

＋

❿ あさりとねぎの炊き込みごはん

p.74

塩をして焼いたアスパラガスにはナッツのような甘みがある。黄身をのせれば、ボリュームと栄養バランスもさらによくなる。トマトスープ、淡い色のごはんを組み合わせ、色合いの美しい献立が整った。

今日は炊き込みごはん

❿ 春の緑、炊き込みごはん

p.73

←

❸ ステーキと焼き筍

p.46

＋

❽ もずくきゅうり

p.66

菜の花、蕗の薹、スナップエンドウ。春の緑を贅沢に使った炊き込みごはんに合わせたのは、パンチのあるステーキ。旬の筍も端っこで一緒に焼く。酢の物で酸味を添えれば、バランスよし。

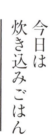

夏

春の主役がグリーンなら、
夏は茄子やトマト、ピーマン
オクラにとうもろこし。
皮をむく必要がなく
火の通りも速いから
台所に立つのも短時間ですむ。
初夏から盛夏へとすすみ
暑さに翻弄された体には、
豚肉や魚介類などの蛋白源を
上手に取り入れたい。
レモンやトマトの酸味、
昆布やスパイスの力も借りて
食欲の谷を乗り切る。

とうもろこしを主役に

⑩ とうもろこしごはん

p.74

←

③ 豚の柚子胡椒焼き

p.47

＋

⑤ モロヘイヤとトマトの冷製

p.53

いまや夏の国民的ごはん、とうもろこしごはん。夏の栄養源として人気の豚肉を焼いて柚子胡椒をきかせた味付けが合う。喉をするする通る、冷んやりかつ栄養満点のスープなんてどうだろう。

旬の茄子がたくさんある

⑥ 茄子とクミンの蒸し焼き

p.58

←

⑤ 豆乳と生姜のスープ

p.55

＋

⑨ レモンと生姜のお寿司

p.69

クミンと塩だけでじっくり焼いた茄子は、朝ちょい仕込みすれば夜おいしい。食欲がない方、魚介とレモンを組み合わせたさっぱり丼をどうぞ。豆乳と生姜だけのスープは、まろやかな和ませ役。

秋

涼しい風が吹き始めるころ、
ゆっくり料理でもしてみようかと
腕まくりする余裕が生まれる。
しまっておいた小鍋を出し
まず最初に作りたいのは
出汁が効いたシンプルな鍋もの。
溜まった冷えを優しく放出し
体の芯からゆるやかに温める。
銀杏や落花生は今だけの贅沢。
新米がすすむよう、味付けも
さっぱりからこってりへ。
子どもも大人も大好きな
味覚を楽しむ季節の到来だ。

今夜は鍋な気分

④ 焼き鯖とごぼうの鍋

p.50

←

⑥ レタスの蒸し焼き

p.57

具だくさんの鍋より、魚の脂を効かせたシンプルな鍋から秋をはじめる。箸休めにレタスの蒸し焼きを添えれば、脂をさっぱりと中和してくれる。炭水化物好きは、鍋にごはんを入れて〆を。

食欲の秋 〝肉〟が食べたい

③ しゃぶしゃぶ肉のバター焼き

p.46

←

⑧ きのこの温かい酢の物

p.67

＋

⑤ 潰し里芋の豆乳味噌汁

p.55

＋

⑩ 銀杏ごはん

p.75

夏までは酢醤油でさっぱり食べていた肉も、秋はバターでコク出しを。温かい酢の物で夏の置き土産である〝夏冷え〟をケアし、ご飯は風物詩・銀杏ごはん。里芋汁は舌触りホクホク、秋を実感する。

冬

しんと張り詰めた台所で
大根やカブ、里芋などの根菜を
ことこと煮る。そのうちに
部屋は暖まり、潤いはじめる。
寒さに耐えて甘みを蓄えた
白菜や寒玉キャベツなど
葉野菜のおいしさを
再確認するのもこの時期。
じわじわと、とろ火を入れて
繊維がほぐれたところをいただく。
ご馳走続きの年末年始には
かえって名もなき卵料理なんかが
口に合って落ち着くだろう。

〝葉もの〟が甘くて美味しい

❷ 白菜と豚の蒸し煮

p.42

←

❼ アボカドとマッシュルームのナムル

p.63

＋

❿ 生姜と油揚げの炊き込みごはん

p.75

とろける白菜と豚肉の甘みは、完璧な組み合わせ。手に入りやすい生姜と油揚げで作る炊き込みごはんが食をすすめてくれる。疲れた胃腸に優しい。副菜はナムルで。これもひとつのサラダの形。

丼もので済ませたい

❶ ソース玉子丼

p.37

←

❻ カリフラワーの青海苔おかか

p.58

＋

❺ 焼きトマトのシンプルなスープ

p.53

困ったときの卵頼み。忙しい時期は週1、いや2だっていい。カリフラワーは調味料次第でぐんと味わいが変わる包容力のある野菜。いまや年中手に入るトマトをあえて焼くのも冬ならではの楽しみ。

第三章

時間をどう使うか

朝10分の「ちょい仕込み」

ものごとを自分のペースでこなせるのは、断然朝だ。起きる時間は自分でコントロールできるし、朝早く電話をしてくる同僚もさすがにいない。私は朝の10分を利用して夕飯の仕込みをする。全部作ってしまうのではなく、少しだけ仕込むのがポイントで、出来たての感動を奪う「作り置き」はほとんどしない。

ちょい仕込みは、刻み系、加熱系、タレ系、熟す系の4種類に大別できる。

まず刻み系は、朝食用にまな板と包丁を出したついでに刻めるものを一気に刻んでしまう方法。加熱系は主に青菜用。新鮮なうちに蒸すか茹でるかして、冷蔵庫に入れておく。帰宅したらすぐに使えるし、疲れていればおかかと醤油をかけるだけでもいい。タレ系は、漬け丼などのタレを前もって作っておくやり方。レンジを活用することもある。最後の熟す系は、時間が経つほどなじんでおいしくなるレシピ向き。58ページの茄子や、66ページのニラの酢の物などがあてはまる。

4つのちょい仕込み

加熱系
新鮮な青菜を

野菜に火を通すのはもっぱら無水鍋（100ページ）で。1分ほど中火にかけて温めた鍋に、軽く水気を切った小松菜の軸を並べ、その上に葉を重ねる。蓋をして中火で2分加熱する。

刻み系
切る手間をまとめる

銀杏切りにした大根は、薄く塩をしておく。ピーマンは種を除いて、手でちぎっておく。ビニール袋に入れ、IKEAで買ったクリップで二枚まとめて口を閉じる。

熟す系
時間がおいしくする

多めの油で、しんなりするまでじっくり焼いた茄子。醤油と酢を同量合わせた汁に浸けて、粗熱が取れたら冷蔵庫へ。朝作っておけば、夕飯時には味が染みたご馳走になる。

タレ系
漬け丼などにおすすめ

刺身の漬け丼を作ろうと心に決めていた朝。酒と味醂を煮切り、醤油を加えた漬けダレをホーローの容器に作っておいた。刺身を重ならないように並べて漬けることができる。

小さい人のお手伝い

お気に入りのエプロンを装着してキッチンに立つ子ども。味噌にヨーグルトを加えた味噌床に人参や白瓜を漬ける。密閉袋の空気を抜いてから、ぎゅうぎゅう、もむ。

小さいサイズの新じゃがいもなら、子どもの手でも扱いやすい。103ページのたわしを片手に、泥を洗い流させる。このあとは皮付きのままイカと一緒に煮物にした。

ある日のちょい仕込み

左から、前の晩に買ったいなだのサクは、薄く塩をしたものと味噌漬けの二種類。大根は刻んで薄く塩もみ、ほうれん草は新鮮なうちに茹でておく。丸いガラス容器にはすし酢を。

帰宅後30分の段取り

仕事帰りに子どもたちを保育園に迎えに行き、18時半より少し前に帰宅するのが私の毎日。夕飯の準備に費やす時間は、帰宅後30分と決めている。

30分には理由がある。まず鍋でごはんを炊いて蒸らしあがるまで25分。これに手洗いや着替えの時間を足せば約30分。なにより、空腹の子どもの忍耐力というのは30分が限界！「ご飯は19時ね」と目安さえ示せば、落ち着いて待てることも学んだ。

30分で献立を仕上げるために大事なことは、作業台とシンクが片付いた状態であること。ここで横着してごちゃごちゃしたまま調理をスタートしてしまうと、散らかりが雪だるま式に膨らんで作業が遅れてしまう。料理をしていても楽しくない。

慣れというのは不思議なもので、今では「30分もある」と思える。平日は時間がかかる料理には手を出さない。そのぶん、30分で作れる料理の幅を自分なりに広げればいい。19時には着席して「いただきます」する生活を続けられている。

ご飯を炊く間に魚にひと塩振る〝20分仕込み〟を

朝10分のちょい仕込み以外に、買ってきた切り身や魚に塩をする「20分程度」の仕込みが必要な日もある。作業の目安にするのは炊飯時間。例えば煮魚なら、火を通しすぎると身が硬くなる。米を火にかけた後に魚にふり塩し、約20分後、ごはんが炊けるころに魚の水気を拭き、それから煮始めるくらいでちょうどいい。

時間を可視化するタイマーをうまく取り入れる

５年以上愛用している「ドリテック」のダイヤル式のタイマー。まずデザインがいい、離れた場所からでも見やすい、時間の経過と残り時間が感覚的にも把握しやすいなど、便利な点が多く手放せない。この本を作るにあたり、帰宅後30分で本当に献立が完成するかタイマーをセットして何度も検証を重ねた。

作業台は片付けてから朝家を出る

作業台は料理をはじめるときに一番最初に視界に入る場所。ここが散らかっていては、やる気が萎んでしまう。朝片付ける時間がなかった日は、ご飯を炊いている間に片付け開始。結果、調理時間が短く済む。壁にはIKEAで買ったマグネットを取り付け、包丁類やピーラー、おろし金をくっつけている。

宅配に頼る

長女の出産をきっかけに、友人の「離乳食に便利なものが揃っている」というアドバイスで利用しはじめたのが生協の宅配サービス・パルシステム。小骨が取り除いてある魚や冷凍野菜ペーストなどにずいぶん助けられた。子どもが大きくなった今も、なくてはならないサービス。配達は毎週木曜日。有機野菜が手頃な価格でおいしいのはもちろんだけど、冷凍食品から飲料、トイレットペーパーまで、「こういうものが欲しかった」と唸ってしまう商品開発力に魅力を感じている。

「定期お届け便」（左ページ上段）には毎日必ず使う食材を指定している。すべての注文はオンラインで。ログイン情報を夫と共有し、注文締切日までに互いに必要な物をカートに保存しておく。決定ボタンをクリックするのは私の役割だ。

スーパーや鮮魚店、精肉店へ通うことも楽しみのひとつ。宅配で暮らしの基礎を確保し、買い物で彩りを足す。ふたつの買い方が暮らしを支える両輪だ。

「定期お届け便」で、買い忘れの心配なし

毎週木曜に必ず届くのが牛乳、納豆(ひきわりと大粒の2種類)、食パン、きのこ、卵(2パック)、絹豆腐の6つの食材。とくに6枚切りの食パンは、子どもたちが週末楽しみにしている朝ごはん用に欠かせない。納豆は2種類ともタレがついていないのが特徴で、好みの調味料で味付けしたい人想いの商品。ほかにも米、醤油、200mlサイズが便利な「ただの炭酸水」、芯のないトイレットペーパーなど2〜4週間に一度買うお気に入りの定番品がいくつもある。

お便りも楽しみ。契約農家の有機野菜

千葉にある「ちば風土の会」から届く野菜は毎週8種類。ちば風土の会は、長い間パルシステムの産直産地だった5つの小規模団体が手を組んで誕生した組織。協力し合うことで、それまで難しいとされてきた有機野菜の出荷の安定につながった。人参の葉や生の落花生など、宅配を通しておいしさを知った野菜も多い。大根やかぶは立派な葉がついたままで、捨てる部分はほとんどない。毎週同封される季節の読み物には農業の現状や最新の農法レポートなどが綴られ、示唆に富む。

困ったときの緊急ストック

緊急時といえばただひとつ、頼みの綱である自分自身の体調不良である。夫が出張で不在なときに限って、しかも後半に行くにつれて、調子が悪くなる。なんとか乗り切ってきた経験から、暮らしに合ったストックの最適解を知った。

何はなくともまずごはん。炊きたてのごはんを一膳ぶんずつラップで包んで冷凍しておく。食べるときはレンジで1分半。色んな方法を試したが、結局このやり方が一番。メインのおかずのストックは多くて2品まで。冷凍ごはんとメインをレンジにかけて、その間に簡単な汁ものを作る。さらに余裕がないときは麺類頼み。冷凍麺をたっぷりの野菜と煮て最後に人数分の卵を落とせば、温かい食卓になる。

ストックは決して多すぎないほうがいい。疲れたときこそ、体はシンプルな料理を求めるからだ。足りなくなったら買えばいい。ほんのひと皿でもいいから、自分で作った料理を食卓に添えるほうが、気持ちも体も、楽なのである。

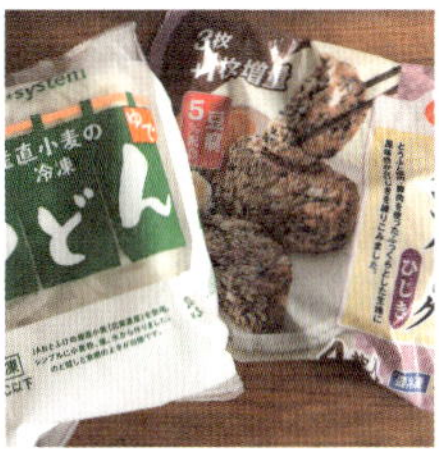

基本は冷凍ごはん サブ的役割として 麺+メインおかずを

市販の冷凍食品を揃えていたこともあったけれど、味付けが濃かったりして結局全然食べなかった。以来、冷凍の麺類と、主菜を1〜2種類買うのがちょうどいい処し方。気がついたときにパルシステムで購入しておく。写真は冷凍うどんと豆腐ハンバーグ。麺はたっぷりの野菜に卵を落とせば立派な一品になる。

おやつ、糖分補給、日本酒の肴まで 頼りになる和菓子

私が和菓子好きなことを覚えてくれていた義理の母が、産後「疲れたときに食べて」と送ってくれたのが虎屋の羊羹との出合い。以来自分でもまとめ買いしている。片手で持てるサイズで、最低限のシンプルな材料で作られている点もいい。意外や、日本酒やワインにも合う。写真は「夜の梅」夏限定パッケージ。

試行錯誤して たどり着いた 〝一膳未満〟のご飯

二段ある冷凍庫のひとつにごはんをストックしておく。量が多すぎると解凍しても余ってしまうので、一包あたり70g程度。余熱が取れたらアルミのバットに並べ冷凍庫へ。冷蔵庫や冷凍庫がパンパンにふくれるのが好きではないし冷却効果も下がるので、常にこぶし2個ぶんの余裕を持たせるようにしている。

時間を作り出すための7つのルール

無数の小さなToDoの積み重ねが、日々の暮らしを作っている。
仕事、睡眠、入浴やスキンケア、メイク、洋服のこと……
時間をうまく使うために愛用しているアイテムを紹介する。

1 潔く化粧する

一年を通じ、口紅と日焼け止めなしで外に出ることはほとんどない。
赤い口紅歴は10年。ブームではなく、自分の顔に欠かせないものだ。
ラ ロッシュ ポゼの日焼け止め(右)は顔だけなく首にも。
顔が一気に明るくなり、家事の合間に3分でメイクが完了する。

2 スキンケアは内側から

スキンケア用品にはほとんどお金をかけないぶん、
皮膚科医である友人のクリニックへは定期的に通っている。
1日1000mgのビタミンCとトラネキサム酸は欠かさない。
市販の肝油ドロップは、ビタミンA&Dを補う美肌サプリメント。

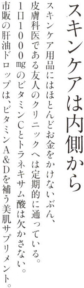

3

眠りの質を上げる

育休から復帰した際に、改善の必要性を痛感したのは睡眠の質。「ワコール睡眠科学研究所」が手がけるシルクのパジャマは写真のグレーと、紺色の２色を愛用。真夏以外一年中着ている。夏涼しく、冬温かい。寝返りのスムースさと肌触りも最高だ。

4

灯りを持ち運ぶ

産後本を読む時間がすっかり減ってしまったと凹んでいた私にいいもの見つけた！と夫が無印良品で買ってきたコードレスライト。子どもを寝かしつけたベッドでそのまま横になっての読書は至福。台所でＰＣを立ち上げ、締め切りに間に合わせたことも何度もある。

5

服で悩まない

何を着るかに悩む時間がもったいない。洋服は紺、白、黒をベースにデザインはシンプルに。好きな小物やアクセサリーを合わせる。愛用しているのは、マニプリ（左）とエルメスのスカーフ、セリーヌのバングル。ネックレスは長短２本を使い分けている。

6

本とともに

ひとり電車で過ごす移動時間は、貴重な読書タイム。
文庫本はお気に入りのブルーのスウェードのカバーに。
サイズが不揃いな単行本や図書館で借りた資料は、
100円ショップで買ったジップ付き袋に入れて大事に扱う。

7

機能美を持つ

よく考えられた雑貨やアイテムはストレスを軽減してくれる。
左のメッシュバッグは二層になっていて、手前にはサプリやコスメ、
奥には文具を入れる。コクヨのノートはリングの部分が柔らかくて
書きやすい。リピート中。メッシュバッグに格納して持ち運ぶ。

［第四章］

料理を整える基本

平日はごはん、休日はパン 朝食はあえて同じものを

うんと小さい子どもというのは、しょっちゅう体調を崩す。そのたびに親は会社を休まねばならない。不調の兆しに早く気付くためにはどうしたらいいか考え、朝食はいつも同じものを食べさせるようになった。基本はごはん、納豆、味噌汁。食欲がない、お腹がゆるいなど、同じメニューだからこそ比較することができる。

対して休日はもっと大らかに、子どもたちが好きなパンやパンケーキを焼いて、のんびり食卓を囲む。

思えば、毎朝自分の体調や心の状態と向き合うことは、子どもだけではなく大人にだって大切なことだ。

取っ手付きかごに朝食セットを

100円ショップで買ったかごに、納豆、きのこ類、豆腐、卵など朝食に必ず使う材料をまとめている。出汁水(32ページ)と一緒に冷蔵庫からこのかごを取り出すのが朝の習慣。ちなみに味噌も取っ手付きのホーロー(97ページ)に入れている。冷蔵庫の扉を開けっ放しにするのも防げる。

「平日」の朝食

朝食は6時半から7時の間に。子どもたちが少し大きくなった今では、ごはん・納豆・味噌汁の基本献立に、卵料理や季節の果物、野菜のおかずが加わることも増えた。食後は夏は冷たい麦茶、それ以外は煎茶が定番。煎茶がおいしく淹れられない日は、ぼんやりして集中力のない証拠。自分、ちょっと注意だなというバロメーターに。

「休日」の朝食

保育園も会社もない休日の朝は、子どもにも手伝わせて普段とはちょっと違うメニューを作る。パンやスコーンなどは子どもにとって楽しみなご馳走。好きなパン屋で買ってきたトーストをピザ風にしたり（写真上）、スコーンを焼いてサラダを添えたり（中）、味噌汁とパンを合わせる折衷献立（下）にしたりと、自由度が高い。

調味料の選び方

調味料選びで重視するのは、いつものスーパーで買えて、値段が安すぎず適正であること。そしてなるべくシンプルな製法で作られているものであること。酢や塩（調味以外の下ごしらえ用）はなにかと消費量が多いから、高価なものでは続かない。いっぽうで、「だしすせそ」（32ページ）を始めてからは、醤油や塩の量は大きく減った。

たまに冒険するなら、料理上手な知人の口コミが頼りになる。左ページの「南蔵商店」の豆味噌は、発酵料理家の真野遥さんに教わったもの。少量で味わいがぐんと深くなり、作り慣れたレシピが生まれ変わる。

作る調味料

右の煎り酒は、刺身や茹でた野菜にかけたり、二杯酢を薄めたりと、万能な旨み調味料。作り方は左に。すし酢（左）はこれぞというベスト配合を見つけられておらず、作るたびに配合をマスキングテープに小さくメモ。保存には「KINTO」の135mlサイズが便利だ。

煎り酒の作り方。鍋に酒200mlと、梅干しを手でほぐして種つきのまま1〜2個を入れて火にかけ、弱めの中火で15分ほど煮る。鰹節をひとつかみ加え、3分煮たら火を止めて自然に冷ます。濾してから密封容器に保存。夏場以外は2週間もつ。

取っ手付きのホーロー容器に、手製の味噌と愛知「南蔵商店」の豆味噌を半分ずつ詰めている。レシピによって配合は様々。毎朝の味噌汁には手製味噌8、豆味噌2。さっぱり仕上げたいときは手製味噌のみ。豆乳とあさりのスープ(52ページ)には豆味噌が合う。

酸っぱいものが好きなので、酢の消費量は多いほう。よく使うのは2種類。右の米酢は「村山造酢」の千鳥酢。酸味がまろやかで、飲む酢の物(64ページ)など広く使える。黒酢(左)は琥珀色の有機玄米酢を選ぶ。コクがあり、45ページの豚ロースの黒酢煮でも使用している。

ある料理人の方が醤油を小瓶に移し替えて使っているのを見て、所作の美しさに惹かれた。私は食洗機可でデザインにも無駄のない「KINTO」ガラス容器に、パルシステムの醤油を移し替えている。衛生的だし、調理の際は入れすぎも防げる。

右の卓上塩が振り塩などの下ごしらえ用なら、調味に使うのは「伯方の塩」。スーパーで手に入り、価格も手頃。片手で開閉可能な容器に移し替えて使う。魚の形の愛らしいスプーンは合羽橋の雑貨店で買ったもの。すりきり1杯で2g。

魚に振り塩する際に、プロみたいに均一にさらさらと上手にできないと悩んでいた。ある日スーパーで目に入ったのがこの昔ながらの卓上塩。炭酸マグネシウムの添付により、いつもサラサラ。手も汚れない。どうせ拭き取ってしまうもの。使い勝手優先で。

器を迎える、手放す

今年の春、9年ぶりに益子陶器市を訪れた。丼やカレー皿など以前から買い足したいと思っていた器をメモしておき、まとめて買い替えた。良い器には、まず重すぎないこと・値段・使い勝手の3大基準をクリアし、レシピの発想を引き出してくれる遊びと懐の深さがある。

9年の間に暮らしは大きく変わり、作る料理も変わった。益子焼が増えたぶん、友人に譲った器もある。生活に合わせ、呼吸をするように器を招き入れたり、手放すこともあるだろう。いつでも新しい器が入り込める〝のりしろ〟のようなものを、暮らしの中に持っていたい。

作家ものの器

右上は、益子で作陶する佐藤敬さんの大鉢。陶器市でご本人にもお会いできた。右下は財満晋平さん。表参道『桃林堂』で開かれた企画展で手に入れた。左上は益子「よしざわ窯」の中鉢。果物を盛ることも多い。左下は吉田崇昭さんの素数文様皿と膾皿。いつか福岡にある吉田さんの喜器窯を訪れるのが夢。

初めて買い集めた五寸皿

毎日食卓に並ぶのが、直径約15cmの平皿。小鹿田焼や出西窯のものなど、10枚以上持っている。和菓子やケーキにも合う。まだTwitterを始める前、取材に訪れた料理家さんに「器初心者が買うなら五寸皿。用途が広い」と薦められて。

かわいい九谷に一目惚れ

田園調布のギャラリー『いちょう』で購入した、九谷の作家・岡本修さんの飯碗。五色で彩られた、どこの国のものでもない不思議な生き物たちの愛らしさに、朝食が楽しみになる。汁椀は黒塗りと木目の二種類を、レシピに合わせて選んでいる。

スープにも、丼にも

益子陶器市で見つけた大塚清治さんの器。子どもたちの食べる量も増えてきたので、大人のぶんと揃いで4点買い求めた。小さめの丼や汁麺にもいいし、具だくさんのスープにも合う。コンパクトにスタッキングできる点も気に入っている。

蝶が舞う漆は、骨董市で

いつかは揃えたいと思いながらも、気に入ったものを予算内で見つけられなかった漆の蓋付椀。美しい蝶の細工は、沈金という独特の手法で金箔が埋められたもの。漆器を専門に扱う『Oubai』が大江戸骨董市に出店したときの出合いの品。

豆皿はかごにまとめて

雑貨店や個展で目にするたびに少しずつ集めた小皿。もともとは弁当箱だったかごに収納している。日本酒のお猪口(手前)も、料理の器として使ってしまう。おやつの煮豆をのせたり、刺身の醤油を注いだり、酒の肴を少しずつ盛ったりと重宝する。

食卓にリズムを生む形

左は佐藤敬さんのオーバル皿。黒でもグレーでもない独特の色に惹かれた。右は10年近く前に買った作家ものだが、お名前を忘れてしまった。焼き魚からパン、おにぎりまで、包容力ある一枚。丸い皿が多くなりがちな食卓のアクセントになる。

料理の道具

「毎日使うもの」

洗いやすく衛生的で、軽くて持ちやすい。手頃な値段ならなお良し。
使いこなせなかったものもあるし、廃番になったお気に入りもある。
台所を見渡せば、一見〝なんの変哲もない〟素晴らしい道具が残った。

炊飯も青菜も、無水鍋で

毎日の炊飯は直径20cmの無水鍋で。青菜の加熱にも活躍。洗って軽く水気を切った青菜を入れ、蓋をして中火に。カタカタと蓋が浮くような音がしてきたら、弱火にして1分。ざるに上げて自然に冷ます。湯を沸かす手間もいらない。かぼちゃやさつまいもの煮物も水無しでホクホクに。季節の野菜を刻んで薄く塩をふって蒸せば、温かいサラダが手軽に作れる。洗いやすい点も便利だ。

日常使いはこの3本

下から、「貝印」関孫六の刺身包丁。刃渡りが短いものをずっと探していて、18cmのこれを見つけた。手が小さいので、扱うのが楽だ。上の二本は「グローバル」。適度な重みがあり、食材を切りやすい。パンから豆腐、果物、野菜まで、たいてのものはペティナイフ(真ん中)で切ってしまう。上の牛刀は肉や硬い野菜を切るときに。いずれも、柄の部分まで丸ごと洗いやすく衛生的だ。

朝10分の仕込みに欠かせない

「ちょい仕込み」に使うのが、具材を混ぜたり保存したりする道具や容器。有元葉子さんが雑誌で薦めていた「ラバーゼ」のボウル（左）は12年愛用中。縁に適度なひっかかりがあり、うっかり手がすべって落とすことがない。ホーローの密閉容器は「無印良品」にて。浅めのタイプと、写真の深めの2種類を2個ずつ持っている。マスキングテープに中身の名前を書き、見えやすい場所に貼る。

テフロンの16＆22cm

鉄のフライパンや中華鍋に憧れて使っていたこともあったが、結局うまく扱えずお蔵入りに。落ち着いたのは、サイズ違いのテフロン加工のフライパン。16cmは名もなき20秒卵（34ページ）には欠かせないもの。22cmはほったらかし野菜炒め（56ページ）からパスタ、スープ作りまで万能に使えるサイズ。ともにキッチンの壁にかけて、すぐに手に取れるようにしている。

炒めものも、味噌汁もこれ1本で

「無印良品」のシリコーン調理スプーンを買ってから、ステンレスのレードルと木べらの出番が少なくなった。毎朝の味噌汁もこれで。97ページのホーローポットから味噌をすくうのにも使いやすい。鍋肌を傷つけないから、テフロンのフライパンでの炒めものにも適している。スプーンの凹みが深すぎず絶妙だから、混ぜる、すくう、ひっくり返す、なんでもOK。もう1本買おうか悩み中。

買って大正解の「やっとこ鍋」

3口並んだガスコンロで、鍋の取っ手が邪魔に感じることがあった。そんなとき、日本料理店で使われているのを見て真似して買ってみたのがアルミのやっとこ鍋。慌ただしい調理時間でもストレスがないし、「やっとこ」で掴む行為も慣れれば不便に感じない。熱しやすく、冷めやすい点も魅力。調理のあと、底を水で冷やし、蓋をして冷蔵庫で保存することも多い。ボウル代わりにもなる。

料理の道具

「あると便利なもの」

たとえばおひつや蒸籠《せいろ》。なくてもいいが、あれば心躍る。
生活の質を高めてくれるのは、案外、そういった製品だ。
手作業が生み出した、見た目にも和む愛らしい道具が揃った。

ごはんの美味しさに開眼

おひつを愛用しているという知人を見つけるたびに、つかまえて「どう？いい？」と質問攻めにし、納得してから買ったのが秋田「栗久」の四合用のおひつ。秋田杉の肌香がごはんに移り、蓋をあけた瞬間の素晴らしい香りの体験に驚いた。少し時間を置いたほうが余分な水分が吸収され、味わいも舌触りもなめらかになる。決して安いものではないが、楽しみを増やしてくれたお気に入り。

魚を寝かせ、青菜を広げる

魚に塩をふってこのざるの上で寝かせること20分。使ったあとは洗剤を直にふりかけ、左ページの柄付きたわしで一気に洗う…というやや手荒な扱いにもびくともしない。水分を切った後は、テラスで陰干し。無水鍋で青菜に火を通したあとに引き上げるのもこのざる。いつどこで買ったかも覚えていない。だからこそ、いざ買おうと思うとなかなか手に入らない、こういうものは。

名品との出合いは中華街

横浜に住んでいた頃、中華街の「照宝」で買ったもの。夫婦ふたり暮らしだったので、とりあえずひとつ。子供が生まれたあと、通販でふたつめ(写真の上段)を買い足した。冬は加湿器代わり。朝起きたらまずやっとこ鍋に湯を沸かし、同じく照宝で買ったアジャスターをセットする。その上に蒸籠をのせ、冷蔵庫にある根菜を洗って放り込む。これも大事な「朝のちょい仕込み」のひとつ。

モバイルな生ゴミ入れ

三角コーナーを清潔に保つこと自体が仕事と化していることにストレスを感じていたある日、思い切って捨ててみた。代わりに蓋付きのミニごみ箱を探していたところ、ネットで見つけた取っ手付きホーローに「これだ」と確信。野菜の皮や端っこはそのまま、魚の骨などは古紙にくるんでからポイ。溜まったら再び古紙で包み、次のゴミの日まで冷蔵庫の野菜室で保存する。

使い込んだ鍋敷き

潔い美しさがある。しまっておくのはもったいなくて、台所の一番目につくところに飾っている。でも、どこの誰のなんという製品なのかは知らない。ひとつめは青山国連大学前のフリーマーケットで買ったことは覚えているが、もうひとつをどこで買ったか思い出せない。今では食卓の真ん中にこれを置くのが子どもの仕事。そのあとを熱々の土鍋を持って私が続き、できたてを並べる。

力を入れずに、みるみるきれい

築地場外の台所用品店「つきじ常陸屋」で見つけた棒付きたわし。柄とたわしがカーブすることなく直線でつながっているのがポイントで、腕の延長として使いこなせ、手首を痛めることがなくなった。秋と冬は根菜の泥を落とすのに大活躍。ほかにも、ざるなど目の細かいものを洗うのにも使っている。値段も800円程度と手頃なので、料理好きな友人へのお土産にも重宝している。

［第五章］

遊ぶように作る

平日と休日では、景色が違って見える。月曜から金曜の台所は、転ばず周回する場所。なるべく消耗しないで料理を作る。

休日は朗らかに離脱。規律正しいがやや窮屈なウィークデイの献立を懐かしがりながら、お酒に合うレシピや時間がかかる料理と腕まくりして四つに組む。

ふたりだけの深夜飲み。ピクニック。子どもと作るおやつ。16時のカクテル――何を作ろうか、悩むことさえも幸せである。

週末の麺

週末ごはんの登場率一位は麺類。スパゲティ、蕎麦、夏は素麺。
野菜や蛋白質はもちろん、ときには乾物やレモン、ナッツも駆使して
簡単だけとひと味違う、意外な組み合わせのレシピを選んだ。

椎茸蕎麦

干椎茸は水で戻し、戻し汁と醤油とともに、落し蓋をして味が染みるまで煮る。仕上げにバター。茹でた蕎麦（水で洗ってから熱湯にくぐらせる）と和えて、海苔を散らす。蕎麦と椎茸とバター、合う。雪でスーパーに行くのが億劫だった日。乾物を引っ張り出し、ものすごくおいしいものが出来た。雪の功名。

豚そぼろとニラの豆乳汁うどん

朝のうちに作っておいた甘めの豚そぼろ。ニラは細かく刻んでごま油、塩、ごまとよく混ぜて1日〜馴染ませておく。鍋で豆乳を温め、鶏ガラスープの素、塩、味噌ほんの少しで調味。茹でたうどんに汁をかけ、ニラと豚そぼろをのせてよく混ぜる。

トマトと梅の蕎麦

トマトを粗くみじん切りし、梅干し（種を外して叩く）、砂糖ほんの少しと合わせて20分以上置いておく。冷たい蕎麦にのせてオリーブ油を回しかけ、大葉、ごまを振って出来上がり。蕎麦は新茶蕎麦というのと普通の蕎麦を混ぜて茹でた。

新玉ねぎと豚しゃぶ蕎麦

新玉ねぎは薄切りにする。アクが少ないので、水にはさらさない。豚しゃぶ用の肉は熱湯にくぐらせる。ボウルに玉ねぎ、オリーブ油、豚肉、塩昆布、すりごま、マヨネーズを加えてよく混ぜる。その間に蕎麦を茹でておき、冷水でよく洗う。蕎麦を麺つゆで和え、具をのせる。玉ねぎが甘し。

春菊とパルミジャーノの蕎麦

お酒の〆に作った、いつもの大大大好物。鍋に蕎麦用の湯を沸かす。その間に春菊をみじん切りしてボウルに入れ、塩をふって軽くもんでおく。蕎麦が茹で上がったら冷水で洗い、オリーブ油と麺つゆで和えておく。水気をよく絞った春菊をのせパルミジャーノチーズをかける。

桃と生ハムの素麺

素麺は茹でて洗う。水気を切り、オリーブ油、バルサミコ酢、塩少々をかけて和える。フォークで一口ぶんくるっと巻いてから皿に盛り、またひと口ぶん巻いて盛り……を繰り返す(麺がくっついて団子になるのを防ぐ)。刻んだ桃、生ハム、トマトを散らす。良き花金のための良き一皿です。

ごまトマト素麺

角切りにしたトマトに麺つゆを加えてしばらく置く。味がなじむ。すりごまを加え、茹でた素麺をつけて食べる。

大葉とピスタチオの蕎麦

ジェノベーゼ風アレンジ。すり鉢にオリーブ油、刻んだ大葉（ひとり7,8枚は欲しい）、ピスタチオ、レモン汁（以上多い順）を入れてよくあたる。塩、パルメザンチーズで調え、茹でてよく洗った蕎麦に絡ませる。

大人の冷やし中華

玉ねぎみじん切りとおろし生姜をかなりたっぷり。これはおいしい！以下大人２人前の分量。玉ねぎ1個、生姜を卓球球大、醤油、練りごま、酢、ごま油（以上多い順）。味をみながら好みの塩梅に調える。作っておいた蒸し鶏の蒸汁で少しゆるめ、平打麺にのせる。具は潔くきゅうりと蒸し鶏のみ。

カレー素麺

蒸し暑い朝、汁ものを作る気さえ起きず、素麺を茹でる。前晩の残りのカレーの具をキッチンバサミで細かく刻んで、牛乳でゆるめてつけ汁に。冷たい素麺と熱い汁。これがなかなか。

レモンのスパゲッティ

無農薬国産レモンが手に入ると必ず作る。鍋にオリーブ油とバターを温め、レモン果汁1人1個ぶん加える。パスタの茹で汁を加えて乳化させ、塩をふる。酸っぱすぎたら砂糖を少し足すと角が取れる。茹でたスパゲッティを加え、パルメザンチーズをたっぷりかける。最後にレモン皮をすりおろしてできあがり。

トマトと豚のカマンベールうどん

鍋に油を熱し、豚挽肉300g、薄切り玉ねぎ1個を炒めて塩・胡椒。乱切りトマト3個と水を適量加え蓋して煮る。トマトの水分が上がってきたら、うどんを加えて煮る。味をみて塩で薄めに調え、最後にカマンベールを余熱で溶かす。20分でできるボリュームごはん。目を閉じればラザニア。

週末の麺

トマトと豚のチキンラーメン

水分はトマトだけ。鍋に豚肉を炒め、乱飾りトマト（中6個ぶん）を加えて蓋。水分が上がってくるのを待つ。チキンラーメン2玉を加え、水分を吸って柔らかくなったら、卵を3つ割り入れる。麺がトマトと豚肉のうまみを吸い、後ろめたいくらいのおいしさ。

ごちそう鍋

「だしすせそ」の考え方は鍋にも活きる。チーズやトマト、豆乳などうまみの深い素材をベースに、好きな具をあわせて自分好みの鍋に。食材の味わいを際立たせたいから、具は多くても3種類まで。

梅豚鍋

鍋に水と梅干し2〜3個（種つきのまま）を入れて火にかける。沸いたらしめじと、薄切り豚をほぐしながら入れ、火が通ったら水菜を加える。味を見つつ、醤油を少し加える。梅だけで、滋味深い味。薬味は大根おろし。

豚と高菜の鍋

いただきものの高菜漬で豚鍋。高菜は粗いみじん切りに。水菜は食べやすい長さに切り、絹豆腐は水切りしておく。鍋にごま油を温め、豚肉を炒めて塩・胡椒。色が変わったら高菜を加えて炒め、水と酒を加える。ひと煮立ちしたらアクを取り、水菜と手で崩した豆腐を加え、味をみて塩と醤油で調える。

焼梅と生姜のきのこ汁

梅干しは魚焼きグリルにホイルをしき、その上にのせて焼いておく。しめじと椎茸を食べやすく切り、水、焼き梅と一緒に火にかける。きのこが柔らかくなったら、すりおろし生姜たっぷり、ひと口大に切った厚揚げとニラを加えて、塩と醤油少々で調える。

豚つくねと大根のレモン鍋

水出しの昆布出汁を作っておく(32ページ参照)。鍋に出汁と半月切りにした大根を加え、醤油をたらして火をつける。その間に豚挽肉にねぎ、すりおろし人参、塩、溶き卵、片栗粉を加えて練る。沸騰直前に昆布を取り出し、たねを丸めて落とす。醤油と塩で調え、レモンを加えて火を止める。

豚のニンニク生姜鍋

鍋に水を張り、ニンニク（皮をむいて丸のまま）と薄切り生姜を入れて、弱火で15分煮出す。塩、鶏ガラスープの素を好量加え、人参やほうれん草、春菊、豆腐など冷蔵庫にあるものを煮る。豚ロース薄切りに片栗粉をまぶしつけてから加える。薬味にレモンをたっぷり搾る。スープがおいしい。

豆乳ごまの豚スタミナ鍋

鍋に水と豆乳を1:1で温め、市販のごまだれ、おろしニンニク、塩、鶏ガラスープの素少々で調える。具は豚ロース薄切り、しめじ、えのき、ほうれん草。豚に火が通ったら、すり鉢であたったごまをたっぷりと、香菜を加えて蓋をする。ひと煮立ちしたら仕上げに黒胡椒を挽いて完成。

餃子鍋

鍋に水を張り、ひと口大に刻んだ白菜と薄切り大根、すりおろしたニンニクと生姜、鶏ガラスープの素、ナンプラー、醤油をほんの少し加えて煮る。白菜と大根が柔らかくなったら、市販の冷凍餃子といろんなきのこを加えて、一緒に煮る。

牡蠣の味噌バター鍋

寒い夜はこういうの。作ると決めたらすぐ鍋に水を張り、昆布を浸けておく。鍋を火にかけ、沸騰直前に昆布を取り出す。酒と塩少々を加え、まずねぎを煮て、しんなりしてきたら豆腐と牡蠣を加える。牡蠣が膨らんだら味噌で味を調え、バターを落とす。

白菜と豚のチーズ鍋

豚バラ薄切りに塩·胡椒を振り、白菜に挟んでから、鍋の深さに合わせて切る。隙間なく鍋にぎゅうぎゅうに詰め込み、水を注いで蓋、中火で20分煮る。水の量は、お玉2杯程度の少なめでいい。とろけるチーズを加えて蓋して5分弱火で火を通す。各々の皿で、醤油や柚子胡椒をかけて食べる。

牡蠣の大人っぽい鍋

小鍋に昆布を敷き、酒を振って、斜め薄切りにしたねぎを敷き詰める。手で崩した豆腐、牡蠣の順にさらに敷き詰め、弱火でことこと火を通すだけ。豆腐は水切りもちゃんとはしていなくて、水分が出るままにさせておく。ポン酢で食べる。

なんてことないおやつ

季節の果物と、牛乳、卵、小麦粉といった手軽な食材で作れるおやつ。
工程の少ないシンプルなレシピだから、子どもも一緒に作れる。
はんぺんや里芋で作る塩っぱいおやつも、たまにはいい。

里芋のお焼き

蒸した里芋の皮をむいて潰し、粉チーズ、薄力粉、醤油少しを加えて混ぜる。サラダ油を熱したフライパンで焼く。里芋は皮付きのままよく洗って一度に蒸しておき、その都度皮をむいて使う。大人もお茶を淹れてひと休み。左は大根皮の酢醤油漬け。

焼きはんぺん

はんぺんを食べやすい大きさに切り、バターをひいたテフロンのフライパンで焼く。良い焼色がついたら、鍋肌から醤油をかけ、フライパンをゆすってなじませる。

りんごのコンポート

レンジで簡単にできるレシピ。皮をむき6等分したりんごを耐熱容器に入れ、水大さじ3、三温糖大さじ2、酢小さじ1を回しかけてふんわりラップする。まず3分、一度取り出し、ぱたっと倒して3分、再び取り出し反対側に倒して2分加熱。汁に浸けたまま粗熱を取る。レモンがなく酢で代用した。

なんてことないプリン

うちのおやつの定番。鍋に牛乳200ccを入れて弱火にかけ、砂糖小さじ2を煮溶かす。熱が取れたら、溶き卵2個ぶん（ざるで濾して滑らかにしておく）を流し入れてよく混ぜる。耐熱容器に水を張り、器を並べて、予熱なしオーブン160℃で40分蒸し焼きにする。あえてカラメルなし。2がつく分量で覚えるシンプルなレシピ。

バナナぜんざい 生姜とシナモン風味

小豆はさっと洗ってから、小豆の倍の量の水を加えて強火で茹でこぼす。再び倍の量の水から煮始め、柔らかくなるまでトロ火で煮る。ぜんざい用に小鍋に取り分けたら、好みの量の砂糖、刻んだバナナ、生姜汁とシナモン粉を加え、ひと煮立ちしたらできあがり。

そばなな

ボウルにそば粉とバナナ、黒ごまを入れ、手でぎゅうぎゅう練って、丸くまとめる。麺棒で伸ばして、食べやすく切り、180度のオーブンで20分焼くだけ。

バナナホットケーキ

溶き卵に、砂糖、牛乳、小麦粉、膨らし粉、手で粗く潰したバナナを混ぜて焼くだけ。各自好きなだけ、片手でぱくっと。バナナが入っていると冷めてもパサパサしなくていい。このとき合わせたのは、人参とはちみつをミキサーにかけたジュース。

かぼちゃと甘酒のシャーベット

甘酒と茹でて潰したかぼちゃを混ぜ、冷凍庫へ。カチカチになる前に取り出して混ぜて、シャリッとさせる。アルコールが入ってないので、子どものおやつにもいい。

バナナと豆腐のシェイク

バナナ2本、牛乳160cc、絹豆腐半丁、氷4〜5個をミキサーに入れて攪拌する。市販の甘塩っぱいビスケットとともに。

桃と豆腐のシャーベット

大きめの桃1個(皮をむき種を取る)、絹豆腐半丁、アガベシロップ大さじ1弱をミキサーにかけ、容器に流し入れて冷凍庫へ。カチカチに凍ってしまう前に、何度か天地返しして混ぜておく。空気を含んでもったり、かつシャリシャリのできあがり。

りんごとチーズのアイスクリーム

りんご1個(皮むいて乱切り)、絹豆腐半丁、アガベシロップ大さじ1をミキサーにかけてから、クリームチーズ80gを何回かに分けて加えさらに撹拌。バットに薄く広げ、冷凍庫で2時間以上固める。トマトやキウイ、メロンでもおいしそうだ。

文旦ゼリー

文旦2個は横半分に切り、果汁と果肉がいい塩梅に混じるように、いい加減に中身をかき出す。全部で500mlくらいになった。果汁の一部を鍋に取り、弱火をつけ、砂糖を大さじ2弱足して、ゼラチン10gを煮溶かす。元の果汁に戻してよくかき混ぜ、文旦の皮を器にして流し入れ、冷蔵庫で1時間以上冷やし固める。

季節を楽しむ

母から受け継いだ、桃の節句のちらし寿司や、お彼岸のぼたもち。
時季を逃さぬように料理をするのは、一番面白い遊びである。
季節の祝いにことよせて、日々の慌ただしさに流されぬよう、いかりをおろす。

お雑煮

白い餅を頼んだはずが勘違い、届いたのはよもぎ餅…魚焼きグリルで焼く。薄くふり塩しておいた鶏もも肉は、44ページの要領で強め中火で皮を色よく焼き、ひっくり返して火を通す。青みはほうれん草と結び三つ葉、松葉の柚子。そこに熱々の汁(一番だし+塩+醤油)を注ぐ。

おせち

今年はひとりにひとつ、お重を。上から時計回りに、柚子釜は帆立と干柿の酢の物、昆布巻き、紅白蒲鉾、伊達巻き、黒豆、慈姑と人参とごぼうは煮締め、茶巾寿司、焼豚。真ん中に海老。薄焼き卵の茶巾寿司は、煮締めから具を少しもらって刻んで、柚子果汁の酢飯で作った。

五色ちらし寿司

酢飯に錦糸玉子、ずわい蟹、塩茹でした青菜、桜でんぶ、鶏そぼろをのせる。青菜が甘辛く煮た椎茸に変わったり、鶏肉が豚肉に変わったりもするけれど、子どもの頃から五色のこの盛り付け。

ぼたもち

春のお彼岸。もち米を炊いて丸め、市販のあんこをまぶしつけた。

はんぺんのお月様

十五夜。子どもたちがうんと小さかったときの離乳食。はんぺんを丸型でくりぬいて、バターを熱したフライパンで良い色に焼く。雲役には里芋のマッシュ。味付けは粉チーズと塩·胡椒で。他は玉ねぎのすり流し、白菜と豚挽肉の春雨炒め。

月見卵

お月見前夜、友人が遊びに来た。冷凍卵の酒醤油漬けを振る舞う。卵(新鮮なもの)は殻付きのまま丸一日冷凍庫へ入れ、芯までしっかり凍らせる。常温に出して殻をむき、白身が溶け、凍った黄身が出てくる。これを醤油、焼酎の古酒、水を同量ずつ合わせたタレに1日以上漬ける。ねっとりおいしい。ほか、芋名月のきぬかつぎ、冬瓜と海苔の酢の物。

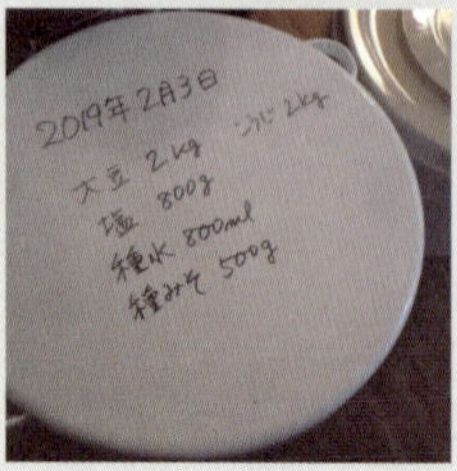

［ 味噌づくり ］

節分のころ、休日の午後をまるまる使って子どもたちと味噌を仕込む。家中の大鍋やボウルを総動員して、豆を煮て、つぶして、塩と麹を混ぜる。

梅仕事

5月末〜6月頭に毎年仕込むのが、梅シロップ。砂糖の量を増減させてみたり、米酢を加えてみたり、試行錯誤中。1か月半ほどで梅からじゅうぶんな水分があがってきたら、できあがり。牛乳や豆乳で割ってラッシー風にしたり、シワシワになった梅をかじったり、特に夏には疲労回復のミネラル源としても重宝する。

家庭菜園

直射日光が比較的穏やかな北側のテラスは、葉ものの栽培に適している。上はパクチー、下は大葉。他にも、ローズマリーやニラなどを栽培している。水やりや虫取りは夫担当。調理は私担当。

記念日のごはん

家族のお祝いのテーブルには、必ずそれぞれの好物を用意する。
失敗したくないから、緊張感を持って作るたびに新しい発見がある。
大人には、日本酒やワインをおいしくする肴も欠かせない。

〈結婚記念日〉

生マッシュルームごはん

圧力鍋で玄米を炊き、バターと塩を混ぜる。マッシュルームは布巾でふいて薄切りし、へべす(すだちに似た柑橘類)の果汁をたっぷりかけてなじませる(変色しないように。レモンでも◎)。ごはんに海苔を散らし、マッシュルームをのせ、オリーブ油をかける。さっくり混ぜ合わせる。8回目の結婚記念のお祝いに、大好物の一品を。

〈子どもの誕生日〉

赤飯

ささげを別鍋で茹でる必要がなく、圧力鍋ひとつで30分でできる炊き方を知ってから、赤飯への苦手意識がなくなった。庭の南天の葉をのせた。

〈子どもの誕生日〉

クリームチーズ茶碗蒸し

うちの定番。クリームチーズ100gは耐熱ボウルに入れレンジで20秒ゆるめる。泡立て器で滑らかにし、卵2個を加え混ぜる。湯160mℓに鶏ガラスープの素を溶いて、冷ましてから卵とチーズと一緒にして混ぜ、器に流し入れる。塩不要。湯気立つ蒸籠で強火3分、弱火10分。

〈子どもの誕生日〉

ちらし寿司

下の子の誕生日に作った。酢飯(へべす皮入り)の上に刻み海苔、豚そぼろ、錦糸玉子の順に敷き詰め、まずふかふかの層を作る。アボカドを置き、その隙間にツナのマヨ和えを小高く盛る。次にいくら。最後に絹さやとへべすを散らす。すし酢、豚そぼろ、錦糸玉子、ツナマヨは朝作っておいた。

〈子どもの誕生日〉

蛤と春野菜のしゃぶしゃぶ

早春生まれの長女のために、春いっぱいの鍋を作る。蛤、水、酒、昆布を火にかけ、沸く直前に昆布を取り出し、味を見て塩と醤油ほんの少しで調える。人参やキャベツ(ニラでリボン結び)、菜の花、蕗の薹、筍などを煮て食す。レシピと呼ぶほどのものでもないが、具をすべて下茹でするひと手間が大事。蛤のスープがずるずる薄まることを防いでくれる。

〈忘年会〉

ローストビーフ

夫の好物を作って一年を労う。厚さ5cmの牛ヒレ塊は、焼く1時間前に冷蔵庫から出しておく。フライパンにサラダ油をひき、トングで肉を挟みつつ、全ての面を強火で1分焼く。6面あるから、計6分。ホイルで包んで20分寝かせ、好きな厚さに切る。

春菊と柿、くるみのサラダ

上のローストビーフとともにテーブルへ。春菊は洗って水気をよく切り、3、4cmに刻んでおく。柿も食べやすい大きさに切る。酢、すだち、オリーブ油、塩、胡椒、砂糖ほんの少しでドレッシングを作り、最後に砕いたくるみやアーモンドをたっぷり混ぜ合わせる。

〈バレンタイン〉

ガトーショコラとホットウイスキー

イベントのときは気合を入れて、大好きななかしましほさんのレシピ本『みんなのおやつ』を見て甘いものを作ることが多い。バニラアイスと燗ウイスキーを添えて、昼から甘飲み。〆にしょっぱい昼ごはんを食べた。

〈忘年会〉

りんごと海苔の
サンドイッチ

NHKの朝ドラマ『マッサン』にはまって以来、自宅でもよく飲むようになった。ウイスキーに合わせて色々な肴を用意。手前のサンドイッチは、りんご、海苔、大葉をウイスキーと同じ原料のライ麦パンで挟んだもの。ほか、カカオ85%チョコ、干し杏、鯵の開きなど。

〈忘年会〉

日本酒に合わせ
こまごまと

手前右から時計回りに、揚げ銀杏、昆布とクミンの佃煮、里芋のハッシュブラウン、しめ鯖のおぼろ昆布巻き、れんこんの梅炒め、昆布とクミンの組み合わせは夫も「これはうまいねぇ」と言ったので、アリなのだと安心した。お酒は『菊正宗』の樽酒。

芝生で食べる

—

基本は具でちょっとだけ遊んだサンドイッチかおむすび。
子どもがおいしく食べられるのはもちろんだけれど、
私が作るとやっぱりお酒にも合うものを、となる。

おむすび 3種

友人家族と代々木公園へ。左から、1.蕗味噌を入れ、おぼろ昆布でくるむ。2.前晩のそら豆ごはんを使う。そら豆の炊き込みご飯の真ん中にカッテージチーズを入れる。3.生ハムと大葉。大葉はせん切りにして塩もみ。水にさっと放ってから、水気をよく切り、ごはんに混ぜ込み、生ハムでくるむ。生ハムは早めに食べましょう。

鶏の照り焼き弁当

鶏胸肉は皮をカリカリに焼いてから身側を焼き、タレを絡める(45ページ参照)。ヤングコーンは皮付きのまま強火で焼き、皮をむく。髭まで美味しい。茄子は油とクミンシードで香りを立たせ、コリアンダーとターメリックを効かせてある。

生ハムのちらし寿司

炊きたて白飯にゆかり赤紫蘇とオリーブ油、もみ海苔を混ぜておく。ラディッシュは甘酢漬けに。錦糸玉子を作る。アスパラは塩茹で。竹輪は食べやすく刻む。ごはんにまずラディッシュを散らし、他の3つをよいバランスで盛り付ける。最後に生ハムをふんわり丸めて適当に散らす。白ワインに合う寿司。上野東照宮へ牡丹を見に行った。

鶏そぼろ弁当

鶏そぼろは、底が平たい鍋に鶏ひき肉、塩、砂糖、味醂、醤油、酒を加えてよく混ぜる。菜箸2膳を手に持ち、着火し、ポロポロになるまで中火で気長に炒める。炒り卵と一緒に盛る。ほか、上段左から、クレソンは茹でて油と塩昆布で和える、粉ふき芋、人参ごま和え。バナナ。

サンドイッチ

３種類のサンドイッチを持って秋の新宿御苑へ。ハンバーグとラディッシュ。玉子と生ハム。焼ベーコン×きゅうりとごま。

サンドイッチ

週末は３種類のサンドイッチを持って上野公園へ。生ハムとクリームチーズと大葉。玉子とマヨネーズとクミンシード。焼きズッキーニにミントとスライスチーズ。

友をもてなす

—

人を招く日の献立を考えるのは、頭の体操のようで面白い。とっておきをもりもり作り、大いにしゃべって、飲む。驚かせつつ、奇抜すぎない。家飲みならではのレシピ。

バースデー カマンベール

友達の誕生日を祝う。カマンベールチーズを最初に6等分しておき、みじん切りにしたみょうが、山椒、パセリをのせるだけ。一番いいシャンパンをあけるときに、キャンドルを立てるのは必ずしもケーキでなくてよい。周囲は食べられる白い花びら（スーパーに売っていた）と、家庭菜園で間引きした小松菜とラディッシュの芽。

きのこと干海老のカマンベール鍋

土鍋にサラダ油と干海老を入れて炒める。いい香りがしてきたら、好みのきのこを加えて塩、酒ひと回しして蓋。きのこがしんなりして水分が上がってきたら、カマンベールチーズを手でちぎって加え、火を止めて蓋をする。テーブルに運ぶ間に、余熱でおいしく溶ける。

青柳のひとくち寿司

上の鍋を食べた後、〆はさっぱり貝のお寿司。ごはんにはオリーブ油と塩を混ぜておく。海苔にご飯ひとくち、青柳、きゅうりの順にのせ、わさび醤油を少したらして、手で軽く巻いて食べる。

帆立とぶどうのカルパッチョ

帆立貝柱とイカ（むいて皮を外し一口大のそぎ切り）は、食べる30分前に薄くふり塩しておくと、味がぐんとこなれる。マスカットは皮付きのまま薄く切り、砂糖ほんの少し、白ワインビネガー、オリーブ油、へべす果汁と合わせる。最後にへべす皮をすりおろす。

親友宅にてワインを飲む会

右から、グリルした焼き筍。市販のレバーの焼き鳥を串から外し、いちごで挟んだピンチョス風。ねぎとパルミジャーノチーズのくたくた煮(薄切りバゲットにのせる)。人参のラペ(61ページ参照)。

〈先付〉
友人カップルが遊びに来る

手前右から時計回りに。葉生姜のへべす味噌は、へべすの果汁と皮、砂糖を混ぜた味噌を生姜に添えて。黄身の酒醤油漬け(119ページの月見卵と同じ作り方)。

筍と野せりの春巻き

筍は下ゆでして、マッチ棒に切る。フライパンにバターを熱し、筍を加え、塩、胡椒で炒める。酒の肴なので塩は少し強めに。野せりはさっと茹でて刻んでおく。春巻きの皮で筍と野せりを巻き、揚げる。バターと塩味のみのシンプルな春巻き。

ハムとアボカドのちらし寿司

ゆかりとオリーブ油を好みの量混ぜ合わせておき、玄米ごはんに加えて混ぜる。海苔も細かくちぎってごはんに混ぜ込む。自家製の鶏ハム、アボカド、錦糸卵を散らす。鍼灸もヨガも整体もこなすスーパー友達に自宅で身体メンテしてもらい、一緒に昼食をとった。友達と喋りたいことが山ほどあるときは、朝のうちに寿司を作っておくに限る。

お酒のアテ

早く飲み始めたいから、レシピは当意即妙、成り行きまかせ。食材をシンプルかつ大胆に生かす瞬発力を大切にする。好きなのは、果物や魚介にスパイスや薬味を効かせた一品。

皮がごちそう、鯛の湯引き

早朝特売で真鯛を買う。お店の方に頼んで、皮付きで捌いてもらい、アラも包んでもらう。サクは薄く塩して20分。氷水を張ったバット（大）のうえにバット（中）をのせたものを用意しておき、熱湯をかけたサクの皮面を下にしてのせて冷やす（氷水に浸けてしまうと味が落ちる）。そぎ切りにしてポン酢をたらし、みょうがを添える。

うにのサラダ

うにを使ったシンプルな前菜。できればミョウバン浸けでないものを求める。うには小さな器に盛り、食べる直前までよく冷やしておく。オリーブ油をかけ、塩をちょこんとのせレモンを搾るだけ。レシピと呼ぶほどのものでもないが、器ごとよく冷やすのがコツ。辛口のロゼによく合う。

生ハムとメロン

平成最後の日、シャンパンを開けた。メロンをスプーンでくりぬいて皿に並べ、生ハムを散らす。メロンの汁がもったいないので、なるべくボウルに集めておき、オリーブ油を加えてよく混ぜ、最後に回しかける。

ポテトフライ

皮付きのまま、食べやすい大きさに切ったじゃがいもの水気をよく拭いてフライパンに並べ、いもの背の高さの半分まで油を注ぐ。隙間にローズマリーとニンニクを加えて着火。弱火で15分くらい、じわじわ火を通す。途中ひっくり返しつつ。揚げたてに塩をふる。ビール一択。

白瓜のオープンサンド

池波正太郎氏の有名すぎるレシピ。パンで挟まないで、オープンサンドにしてみた。軽く焼いたバゲットに厚さ5㎜に切った冷たいバターのスライス、白瓜(軽く塩をして15分置き、水気をよく切る)の順にのせ、最後に粗塩をちょこんと。ワインは「丹波ワインてぐみデラウェア」。

ズッキーニとかまぼこのサンドイッチ

ズッキーニとかまぼこは薄く切り、交互に重ねて、醤油とレモンをたらり。箸でつまんでふた口でこりっと。おいしい…！お酒は「上善如水 純米吟醸」を合わせた。

いちごとモッツァレラ甘いジンジャー

生姜汁とアガベシロップ好量を混ぜ、いちご、手で割いたモッツァレラチーズと和えるだけ。生姜は多めで。スパークリングワインに合う。この日は嬉しいことがあり夫婦で乾杯したく、保育園への迎え前に一瞬コンビニへ寄って材料を買った。

金柑とチーズの黒胡椒和え

スパークリングワインの肴を、家にあるもので準備する。金柑を薄切りにして、オリーブオイルで和える。手でちぎったカマンベールチーズを加えて混ぜ合わせ、胡椒をひく。グラスは京都の「グランピエ」で買ったパキスタンのもの。

すだちのギムレット

ジン30ml、すだち果汁15ml、オーガニックのアガベシロップ小さじ1弱。夜はシェイカーはうるさいので、氷と一緒にステアする。

いちごの燗甘酒

いちご6個、酒粕40g、牛乳100cc、白ワイン100cc、砂糖大さじ1強をミキサーにかけてから、鍋に移して弱火で温める。冷やしたいちごと一緒に食す。ミキサーの中のものを味見したら、これは燗でもおいしいはず、と。寒い桃の節句に作った。

柿のサングリア

赤ワイン200ml、柿1個（皮をむいて食べやすい大きさに刻む）、ブランデーがなかったので八海山の米焼酎 風媒花10ml、アガベシロップ小さじ2を混ぜ、シナモンスティックも一緒に漬けて1日置く。夫曰く「元気が出る味、パンチがあってうまい」だそう。

ダイキリ

森瑤子さんのエッセイに出てきた作り方。これは簡単でいい。氷を布巾でくるみ、すりこぎで叩き割ってグラスに詰める。レモン汁1個ぶん、ラム大さじ3（マイヤーズを使用）、アガベシロップ大さじ1弱を空のペットボトルに入れ、蓋してシャカシャカシャカシャカ。グラスに注ぐ。

［第六章］

暮らしのはなし

40歳の転職

昨年の夏、15年以上勤めた出版社を辞めて転職した。次の就職先が決まっていることは元の会社には黙っていたから、必然的に私の進路当てクイズのような流れになった。「何か面白いことをするんでしょ。頑張ってね」と言って送り出してくれたことが、ありがたかった。

じつは私の転職の半年前に夫も転職している。話し合った結果、同時に転職するのは何かあったときにリスクが高いということで、時差転職を選んだのだ。

働く場所を変えると決めた結果手に入れたのは、家族で19時に食卓を囲む生活だ。夜中に仕事をすることもなくなった。編集者時代は子どもを寝かしつけてから再びパソコンを立ち上げ、夜中まで自宅で仕事をするのが当たり前だった。10年、20年後の姿が思い描けなくなり、一度出版社を辞めると決めてしまえば、段取り好きな性格が幸いして身のこなしは速かった。

手放したものがある。一番大きなものは、子どもを生んでも仕事の量も質も落としてなるものかと息巻いていた自分を捨てたことだ。今思えば尋常ではないが、夜から始まって翌日の午前中に終わる撮影、しかも数日間に及ぶ撮影を引き受けたりしていたのだ。そんな働き方は、男でも女でも、誰にとってもハードだ。でも私はできることを証明したかった。一体何のためだったのだろう。

現在の会社では、料理と食にまつわる様々なことを企画・運営している。雇用形態は様々で、正社員だけでなく、他の企業に勤めながら週に数回〝複業〟として働く人もいる。

こうしてまた二冊めの本を出そうと思えたのも、いったん編集職を離れたからだろう。本を出すなら、小さくても一石を投じるようなものにしたい、役に立つ本にしたいという思いは、ほかに仕事があるからこそより強くなった。料理と本作りのためにたっぷり時間が取れる環境にいては、怠けがちな私のことだ、いつまで経っても本を完成させられなかったかもしれない。何かを疑問に思ったり、書きたい気持ちが溢れることはなかったかもしれない。編集者やカメラマン、デザイナーと一緒に本を作る作業を通して、こうして改めて編集の仕事を面白いと思えたことが嬉しい。

昔アシスタントをしてくれていた20代の女性がこんな風に言った。

「絶対に失敗しない仕事に就きたいし、絶対に失敗しない相手と結婚したいんです。どうしたらいいですか?」と。なんと答えたかはよく覚えていないが、自分が失敗だと思えば失敗だし、こんなもんだと納得できれば、それもひとつの成功の形になると思うといったようなことを言った。

転職が成功だったと言い切れる自信はまだない。しかし、選んだ道には強がってでも花を飾ってきた。まあまあやれてると自分を肯定する太ましさも、転職によって身につけた一面だと思う。

自分を計る

始発で帰宅し、少し眠ってから昼食をとりがてら出社する。そんな風にして働いていた時期があった。新聞配達の人と同時にドアの前に立ったときは、朝日から毛穴を隠してうつむいた。

自堕落なことこの上ないが、メイク落としとコットンをデスクに常備し、日付が変わる前に化粧を落として続きは第二ラウンドへ。都会のビルで素顔になると、女でも男でもない、いち深夜労働者になって本領を発揮できるような気がするから不思議だ。腕まくりなんかして、再び働く。ちょうどそのころになると、手をひらひらと振って六本木に向かう先輩もいれば、真っ赤になって恵比寿から戻ってくる上司もいた。私はいつも誰かの部下や後輩で、誰かの時間にあわせて働いていた。

どうしてこんなに時間がないのだろう。そう思った私はある日、携帯電話のストップウォッチ機能で作業時間を計ってみることにした。ちょっと込み入った電話は3分。企画会議用のプラン書き、3時間。特集のコンテ書き、30分。恋人未満友達以上の人とのメール、15分。会社の向かいのドトールで油を売るのは、15分のつもりが1時間。ほかにも一日の行動をいろいろ計った。

3分あればいろんなことができるというのが私が得た収穫で、この日を境に仕事のストレスは軽くなった。なにより、仕事以外の雑用に多くの時間を割いていたことに拍子抜けしてしまった。

あれから10年が経った今も、３分、30分、３時間の〝３〟の時間感覚は変わらず肌の上にある。これなら３分でできる、だから大丈夫。15分間は３分が５つもある。30分？ 贅沢！ そう見積もれると不安は減る。思えば、物心ついた時から何かを調べて記録したり絵を描いたりするのが大好きだった。ツイッターだってそう。９年間レシピを記録し続けるなんて、根っからのログ好きなのだ。

今年の夏、山梨の避暑地に旅行にでかけた。冬はスキー場として賑わう山の頂に、家族４人で寝転べるくらい大きな丸いソファが転々と置かれ、富士山まで見渡すことができる観光名所がある。お酒があり、素晴らしい眺めがあり、当然ソファ待ちの列が出来る。ふと見ると、ソファの脇に30分の砂時計が置かれていた。ご利用はご自由に、ただし、30分を目安に次の方に席をお譲りくださいねというわけだ。主催者も考えたものだなと思った。なぜなら、ほとんどの人が律儀に砂時計をひっくり返し、30分を待たずしてちゃんと席を譲るからだ。もの言わぬ監視の効果だけではない。時間を可視化してそばに置くことで、かえって時の経過に満足して席を立ってしまうのだろう。

今は85ページで紹介したドリテックのタイマーが、私にとっての砂時計代わりだ。夜ご飯は30分あれば作れる。20分経ったって、なぁにまだ10分もある。そう目で見て把握できることは、時間と対等に付き合う助けになる。

考えるスーパー

スーパーに立ち寄る時間が好きだ。自宅で仕事をする日なら、きまって夕方五時半。「今日のおつとめ品」シールが貼られた生鮮食品がずらりと並ぶ、待ってましたの時間。

まずかごに入れるのは、きのこを2、3種類とほうれん草や小松菜などの青菜。使い道は決めていなくても、冷蔵庫に欠かすことがないようにしておく。次に目抜き通りの陳列を見て、旬をひとつ、ふたつ、手に取る。春なら山菜や豆などのほろ苦さを。夏ならとうもろこしやゴーヤなど実なりのもの。秋と冬は土深く育った根の野菜だ。

どれどれと腕まくりするのは魚売り場。柔肌のイカや、10㎝に満たない豆鯵が身を寄せ合って１９８円で売られていた日には、素通りできるはずがない。

魚の翌日は肉の献立が良いような気がして、精肉コーナーに行ってみる。お買い得品を買って塩を振り、冷蔵庫で寝かせておこうかなど考える。茹でるか焼くかはあとから決めればいい。

ふと周りを見渡すと、鮮魚・精肉売り場にいる人というのは揃いも揃って指をあごにあて、じつによく考えている。ある日も、鮮魚売り場で隣り合った女性があごに指をあてて立ち止まっていた。

視線の先には鯖の切り身。味噌煮か塩焼きか、竜田揚げか。はたまたその隣の真鯛の切り身と迷っているのだろうか。鯛は皮付きでおいしそうなどと邪推する私の指もまた、あごに添えられている。献立を思いあぐねていたのは私だって同じ。合わせ鏡のおかしみに、はっと我に返る。

スマホを持たずに立ち止まる時間がこれほど長い場所というのも、今では少なくなった。鮮魚・精肉売り場における悩ましさは、〝主〟が付くおかずが支配する献立へのストレスの高さを表しているのだろう。足の早さも、買い損じできないプレッシャーに拍車をかける。それに比べれば野菜やきのこの売り場のなんとほのぼのしたものだろう。殺生なき売り場の身軽さがある。

とはいっても、スーパーで過ごす時間はシリアスどころか嬉しくてたまらないひとり時間である。自由に時間を使っていいと言われたら、私は迷わず食糧を買うために使う。それはネイルサロンやジムに行くよりも、心身を丁寧に扱う時間の入り口だから。だからこそ3分でも5分でも、旬を手に入れる機会を逃したくない。

都会の移動時間では、駅や街のちょっとした一角にオーガニック市場や地方特産展を目にすることが増えた。かさばらないもの——例えば切干し大根や絹さや——なら考えるより先に財布に手が伸びる。「袋は結構です」、バッグにしまい何事もなかったように地下鉄に吸い込まれていく。

商談相手に覗かれたらバツが悪いような、秘密の買い物である。

小さい人

私は教育ママからは程遠いタイプで、塾やお稽古ごとなど英才教育の類にはほとんど興味がない。自分の用事にあわせて鮮魚店でも書店でも連れて歩くし、美術館やお寺にだって一緒に行って熱心に説明してみる。なにも分かっちゃいないだろうなと思いながらも、後日子どもが「あのすてきなばしょにまたいきたい」と言い出したりするから面白い。

子どもにとっては、プリンの材料を買いに行くだけでもじゅうぶん冒険だ。牛乳と卵を探す役割を与えれば、決してスーパーを走り回らず集中して探すものだということも、子育てから学んだ。

小さな人の朝はEテレを見るくらいしかやることがなさそうなので、細々としたことを手伝わせている。夜ごはん用に切った大根を袋に詰めるとか、出汁用の昆布を水に浸すとか、本当にちょっとしたことだ。朝仕込んだあれが、夜にはこんなごちそうになったという達成感が子どもも楽しいらしい。２０１７年5月に初めての著書『わたしのごちそう３６５ レシピとよぶほどのものでもない』を出したときには、子育ての話といえば離乳食作りのことくらいしか書くことがなかったのだから、2年でずいぶん生活にメリハリ（と猫の手）が加わったことになる。

親が、家でもいろんなものを食べさせるからか、味にはちょっとうるさいところが見え、「きょうのごはんはあまり好きじゃない」などと憎らしいことを言ったりもする。いまひとつの根拠を説明させてみると、特にこの食材やこのおかずといったことよりも、子どもの頭の中ではどうやらすでに全体のバランスみたいなものが捉えられているようなのだ。

好物のオムライスとポテトサラダがあれば満点なのかというと、そうでもない。小骨が多い鯵があると減点かというと、そんなこともない。子どもなりに、味や食感、舌触り、色味のメリハリを感じ取るセンサーをすでに持っていて、面白い／面白くないといった判断をしているようなのである。今日の献立どう？と質問をし続けて気がついた発見である。

ある梅雨の夜こと。首筋がうっすら寒いような、重い湿度のある日だった。食事のあと、いつもならカフェインなしの冷茶を出す季節なのに、ふと、温かい煎茶が欲しくなった。大人用に淹れたものを少し薄めて子どもにも出してやった。ちなみにその日のおかずは、チーズを挟んで焼いた鰯。

ああ、おくちがさっぱりして、いいねえ。

三歳児が確かにそう言った。お茶が鰯の甘い脂を洗い流し、食後の一服へと気持ちを切り替えるスイッチみたいなものを、もう分かっているんだなあと驚いた。もっともっといろんなものを一緒に食べて、小さな口を尖らせて何と言うかを聞いてみたい。

あの子は完璧だったんですから

料理を罪滅ぼしに使っていたことがあった。

残業や出張のたびに、私は夫とふたりの子どもたちの食事を完璧に用意していた。夜温め直してもおいしいレシピを考え、きちんと器に盛り付けてからラップをして、冷蔵庫に入れて仕事に行った。作り置きの副菜や下茹でしておいた野菜を冷凍し、日持ちするおやつまで揃えていた。

後ろめたかったのだと思う。私だって夫と同じようにフルタイムで働いているのだから、「ごはんは適当によろしくね」とだけ言って家を出ても良かったのだ。留守中のごはんを作っていたときの私は、たいてい不機嫌だった。誰にも迷惑をかけていないという顔をしつつ、払えとも言われていない犠牲をひとりで抱えこんでみせて、料理を通じてままならなさを吐き出していた。働くことへの覚悟が足りていなかったと、今なら分かる。

ある朝、出張に出かけるにもかかわらず食事をなにも用意せずに出勤してしまったことがあった。寝坊してしまい、余裕がまったくなかったのだ。

その晩夫から届いたＬＩＮＥには、ファミレスで食事をしている写真が添付されていた。テーブルにはフライドポテト、ピザ、カルボナーラ。家では絶対に作らない献立だ。子どもたちのカップには、ドリンクバーで注いできた蛍光緑や紫——私が一度も飲ませたことがない色——の飲み物。

三人の姿が拍子抜けするくらい楽しそうだったことが、私の完璧癖をやめさせるきっかけになった。私がドタバタしたまま家を出るたびに、子どもたちに何か食べさせてねとお願いするたびに、夫は家の中で自由になっていったように思う。どこで食事をするかを自分で決め、冷蔵庫の食材で手早く何かを作れるようになり、子どもたちを乗せた船を好きなように漕いでいく身軽さを手にした。

ある日何気なく目にしたネットニュースが、ふとこの話を思い出させた。ある女性芸能人が離婚を発表した際、レポーターたちは地方に住む母親のもとにまで取材に押しかけていた。話好きな母親として有名だったのかもしれない。

有名人の離婚にまつわるスキャンダルというのは、慰謝料の多寡や不倫の事実よりも、暮らしの息づかいが垣間見えるような小さなエピソードのほうに引きつけられてしまう。

「あの子はなんにも悪くありません。出張に出る際は食事を全部用意していったんですから。ちゃあんと冷凍庫にまで入れて。あの子は完璧だったんですから」

インターフォン越しの訴えに胸が痛んだ。問題はきっと料理だけのことではない。夫婦のことを世間に吹聴してしまう母親に育てられたところにも、深い闇があるのかもしれない。

漬け汁
1/12

MARIAGE
MARCO POLO

ＳＮＳとシンディと沢村貞子

この本の打ち合わせがはじまって少し経った頃、「しばらくツイッターを休みたい」と担当編集者にこぼしたことがあった。冗談半分、本気も半分。編集者としては「せっかく本になるんだし」と言うほかない。ＳＮＳを続けてきたからこそ本が出せる。本を出すからには、続けたほうがいい。自分で提案した企画がときに生活をゆるく縛り、何年かに一度の周期でもどかしい気持ちになる。

そんなとき読み返したのが『沢村貞子の献立日記』（新潮社）。フードスタイリストの高橋みどりさんが、『わたしの献立日記』（沢村貞子／中央公論新社）に登場する献立を再現しながら、沢村貞子の生き様をつまびらかにしていくというこの本の中に、私が見落としていた事実があった。沢村貞子が献立日記をつけはじめたのは50歳のとき。それから27年間、1日も欠かすことなく記録は続く。27年。私なんてまだまだ。エプロンの紐を正しツイートを再開するのだから、根が単純にできている。

ときを同じくして、こんなエピソードにも出合った。80年代のスーパーモデルブームを牽引したシンディ・クロフォードがあるインタビューにこう答えていた。若いモデルにアドバイスをと問われ「私たちの時代は、カメラマンの目を通して自分を表現するしかなかった。今はＳＮＳを使って自分が自分の広報になれる時代。でも、のめりこみすぎないで」と。続けて発せられた「人気者になるには？」の問いには、「謙虚さを忘れないで」とも。彼女の背景には、マリブの豪邸とテラスから見渡せる青い海が広がっていた。そして彼女は年相応にとても美しかった。

私がＳＮＳを始めた約10年前は、自意識過剰とか意識高い系というリプがずいぶん飛んできたものだけれど、今エゴサーチをすれば、誹謗や中傷の類はとても少ない。料理写真の投稿が当たり前になったということもあるし、ミスコミュニケーションが溢れるなかで、料理は牧歌的な脇役だ。シンディの言う〝自分広報〟における謙虚さが私のＳＮＳの中にあるとしたら、ＰＲ投稿など何かあったときに責任を取れない行為とは距離を置いてきたこと、そして人のレシピを無断使用しなかったことかもしれない。レシピはその人の一部。文学や他の表現と同様に敬意をもって扱わなくてはならないものだ。

沢村貞子は50歳からの先の生活をどんな思いで綴っていたのだろう。『わたしの献立日記』に描かれていない女優としてのＡ面の人生は、決して平坦なものではなかった。料理を記録し続けるという行為を含めた彼女の生き様そのものが、簡単には真似できない領域まで突き抜けたとき、彼女は伝説になった。時間だけが作り出せる彼女の本とその凄みに触れ、ひょんなことから長く過ごすことになったＳＮＳという場所に、もう少し居続けてみようじゃないかと、私は決めたのだった。

結婚と料理

料理家の中村奈津子さんに取材をしたときのことだ。お母様の代から五十年以上続く「田中伶子クッキングスクール」は、「結婚できる料理教室」という異名を持つ。中村さんは謙遜しながらも、生徒さんへのご祝儀で「毎月赤字よ」と笑っていらした。実際に結婚される方の数を聞いた私は、婚活中の友人にＬＩＮＥしたほどだ（申し込むべき！　空きがあるか聞いてみようか？）。

「男性の心をつかむにはまず胃袋から」という表現は廃れずに残っていて、魚の骨のように女性たちの胸に引っかかっている。料理と結婚の関係について、中村さんとの会話がヒントをくれた。

スクールでは、レシピを読み解くことに時間をかけるという。たとえば肉じゃがのレシピを検索してみると、豚か牛か、野菜は炒めるのか炒めないのか……ざっと２００はヒットするそうだ。どのレシピを選択すべきか、とことん読み込んでレシピを疑ってみる人はどのくらいいるだろう？

中村さんの肉じゃがレシピでは出汁ではなく水を使い、野菜は炒めない。牛肉は良いものを少し。手早く作るための筋道を研究した末に完成されたレシピは、応用が効くし一生役に立つ。

なぜこの工程が必要なのかひとつずつ理解しながら作るのと、ただレシピの言いなりになるのとでは、いくらかの年月が経ったときに見えてくる景色も、身のこなしも、違ってくるはずだ。レシピを自分のものにできれば、いずれは文字や写真に頼らずとも、予算や持ち時間、食卓を囲む人の嗜好に合わせ、思いのままに料理ができる。中村さんが授けているのは、ひとりでも多くの幸せな家庭料理人を送り出すための処方箋でもあるのだ。

何をどう食べるかにおいて自立しているということは、暮らしにおいても自立していることではないだろうか。自立した人同士は、ともに同じ方向を目指して並んで歩く人生をイメージしやすい。そう、結婚、もしくはそれに匹敵するようなあり方や形だ。

あるとき、仕事の繁忙期と夫の海外出張が重なった。冷蔵庫は買い置きで膨れ、探している食材が出てこない。疲れて食欲もないのに、子どもはごはんを待っている。私は溶き卵に砂糖を入れて、フライパンで焼いてごはんにのせ、ソースをかけてやった。スープには青菜ときのこをたっぷり入れて。卵料理は食卓に温かさを生むことも、具だくさんのスープを添えれば十分であることも、経験上知っている。自分で作ると決めて料理と向き合ってきたから、暮らしに合うやり方を身につけてなんとかやってきた。手を動かし始めれば、頭もついてくることを知っている。

自分がいれば大丈夫。そう思えることが、一番の自立でなくて何だろうか。

ふたり組

ひとつ屋根の下にふたりが暮らせば、ルールが必要になる。

私と夫の場合、ルールを決める基準は互いの利益（もしくは快さ）のためにより善い方法であるかどうか。「善い」を、面白く転びそうなほうと言い換えてもいい。

私と夫はともにフルタイムで働く会社員だ。長女が生まれた際は、夫が1か月間育休を取り、そのぶん私は予定より早く復職した。男性の育休所得率が5・14％（厚生労働省「平成29年度雇用均等基本調査」）であることを考えると、まだまだ珍しい例だろう。周囲の目やキャリア云々より、「いい経験になるからやってみよう」。ふたりとも同じ意見だった。

週末にもふたりのルールがある。休日を①朝 ②昼食まで ③午後早め ④夕方 ⑤早めの夜 ⑥遅めの夜の6コマに分けて考えるのが、いつの間にか当たり前になった。たとえば私が友人とランチに出かける③は夫に子供の面倒を見てもらい、そのぶん⑥は夫が趣味に没頭できるようにする。

休日をコマで考えることのメリットは、時間に役割りを与え、立体的に捉えられる点にある。①と②は外で思い切り遊んで、③は家族で昼寝という週末もある。コマは詰め込むためにあるのではなく、メリハリをつけるためにあるのだと考えることができれば、何もしないまま一日が終わってしまったという漠然とした焦燥感に駆られることも減るだろう。

ある日、家事にまつわるちょっとした出来事があった。私は洗濯物はたたまない派で、特に下着なんかは丸めて終了。しかし夫は端と端を合わせ美しく折る。理由を聞けば、「風呂でさっぱりした後に、丁寧にしまわれた肌着を身につけるのは気持ちいい」と。より善きことをてらいなく言ってのける夫にもう半分負けてしまい、私も真似してみた。たかが下着、されど肌に直接触れるもの。自分自身を丁寧にくるむようで、本当に気分が良かった。洗濯では夫に軍配を上げた。

夫と一緒に暮らし始めて9年になる今でも、日々彼の新しい一面に気が付くことがある。と同時に、夫という鏡を通して私自身の一面――小さな横着や小賢しさ、人間くささ――を認めることもたくさんあり、自分とどう折り合いをつけるか今も悩んでいる。

夫の言動に違和感――善いものも悪いものも――を抱くたびに、夫婦という関係は人間関係の最少単位だと思う。多様性というと、異なる人種やバックグラウンドを持つ人々の集まりを想像するかもしれないけれど、家庭の中にこそ多様性の芽はある。願わくば子どもには、多様性の好ましい表れ方のひとつとして、よく話し合って面白そうに暮らしているふたり組の姿を見せたい。親の姿が、大人になることへの祝福と肯定につながると願って。

受け継ぐ

母から受け継いだレシピといえば、ひな祭りのちらし寿司（118ページ）だ。ひとりぶんの丸い漆器に酢飯を敷き、玉子、青菜、椎茸、桜でんぶ、蟹身の五色の具で飾る。5人姉妹だから漆器も5つ。家族全員からチビと呼ばれ、なんでもかんでも姉のお下がりを頂戴していた末っ子の私にとって、めいめいの器に入ったご馳走が食べられるのは桃の節句くらい。蓋つきの美しい漆器は特別な存在で、食べ終わって洗ってからもしばらくしまわずに眺めていた。

ちらし寿司がハレの日のレシピなら、普段は茄子を炒めて味噌をまぶした「よごし」や、素麺と茄子の冷たい煮物、富山湾のイカと里芋を煮たもの……名前もないようなものばかりだ。

たまに田舎に帰って母が料理する姿を見ていると、ああ面白いと思うことがある。たとえば湯むきしたトマトを厚めに切り、軽めの塩で漬けた一品。適度に水分が抜け、むっちりした歯応えになる。熱心にレシピサイトを調べているはずもなく、当意即妙という表現がしっくりくるいい加減さで料理をしている。さらさらっと、なんでもない風に作るんですね――この台詞は、巻頭の写真を撮り下ろしてくれた写真家の大沼ショージさんに言われた言葉。母に似たのだろう。

クリスマスや誕生日などのイベントは、五人姉妹に加え近所の幼なじみも集まり、ひときわにぎやかだった。リンボーダンスを競い合ったり、クイズ大会や手品コーナーを企画したり姉妹でアイディアを出した。なかでもその働きっぷりが一番よく表れていたのは、料理においてだ。

それぞれが地元を離れる年齢になっても、お盆と正月には姉妹が集ってご馳走を用意した。お盆は庭でバーベキュー、正月はきまって日本海の海の幸とすき焼き。野菜を洗う者、取り皿と箸を並べる者、ビールを冷やす者……仕事を奪い合ってぶつかることなく、あれよあれよという間に支度が整う。思えば、食べる行為そのものよりも、食卓を調える準備のなかにすでに働く面白さを見出している性質こそが、私が母から受け継いだものかもしれない。横着する娘がいないようにした親の躾というものを、この年齢になると、そして子どもをもってなおのこと、得難いものだと思う。

そうして過ごした生家が7年前に火事で全焼した。18歳で富山を出た私にとって、家は思い出に添えられた額縁のようなもの。各々が家という建物を中心にして、進学、就職、出産などで離れては、ときに集い、再びそれぞれの道へ戻っていく。決まった形というものはない。姉たち4人の背中を見て、女性の人生の機微と同時にままならなさも知った。そうした家族のあり方は、人に固執しない性質を私の中に育んだ。書類一枚を提出して他人と一緒になったけれども、その夫とも、永遠というものはないのだという予感を胸の深いところに持って暮らしている。

料理の音頭

ある猛暑の年、新聞連載に「料理を始めるなら夏がいい」と寄稿したことがあった。料理に苦手意識がある人に向けてのアドバイスだ。

夏は茄子やトマトなど、皮のまま調理できる野菜が豊富だし、火の通りも早い。フライパンで茄子を焼いている間に、まな板ではトマトを薄く切って、平皿に輪にして並べマヨネーズをかける。薄切りの豚肉をゆがいて醤油と生姜を添えれば、献立のできあがり。太陽を小分けにしたような実りの野菜を取り込み、暑さを乗り切る。失敗も少ないから、初心者が料理を始めるなら断然夏だ。

暑さに慣れたころ、秋がやってくる。西瓜に代わって梨やぶどうが並び、鮮魚売り場は秋刀魚一色になる。そして新米。五穀の豊穣を祝う季節に、日本人は昔から食欲の秋という晴れやかな称号を与えてきた。芋、栗、きのこもある。夏の食材より手間はかかるが、西日の当たりが優しくなった台所に立つのはそう苦ではない。だから、食いしん坊こそ秋に料理をはじめるのがいい。

そうしているうちに、土鍋でもひっぱり出そうかと思ったら、冬の訪れだ。冬は土深く育った野菜を手懐ける季節。空気が尖るほど乾燥した朝には、呼吸をするように自然に、鍋に湯を沸かして蒸籠をのせる。中身は人参や大根、里芋。蒸気が部屋を暖めて潤し、ほっくり火が通った根菜で献立を調える。うちにこもって、春の芽吹きと夏の命の爆発をしゃがんで待つようにして料理する。満ち足りた時間を過ごしたければ冬に料理をはじめるのがいい。

青い葉が恋しくなるころ、売り場には筍が並び、南からはタラの芽やこごみが届きはじめる。待ち焦がれていたようで、いざ来てしまえば気持ちだけが急かされる。山菜の先っぽに水溶き粉をちょっとつけて、油で揚げてみる。塩をぱらり。合わせる汁ものは貝がいい。山の菜の苦味と貝のうまみには、舌と心を覚醒させるような力がある。だから、料理の楽しさに目覚めるなら春がいい。

子どものころ、親が商売をしていて、うちに有線放送（現在のＵＳＥＮ）が引かれていた。宿題なんかをしているとたまに流れてきた曲で、歌詞とリズムが印象に残っているものがある。

一月は正月で酒が飲めるぞ／二月は豆まきで酒が飲めるぞ／三月はひな祭りで酒が飲めるぞ

歌詞はこの調子で十二か月続いていく。『日本全国酒飲み音頭』という曲であると、大人になってから知った。すっかり左党になったのはこの曲の洗礼かどうかは分からないけれど、私にとっては楽しそうに酒を飲む大人たちの間を走り回っていた幼少期の思い出とともにある幸せな曲だ。

世界に存在する食物はすべて太陽の恵みが生み出したものである。食材に触れ、調理をして四季折々の日の光を体に取り込む。日本に暮らしながら料理をすることは、ギフトなのである。

あとがき

『働く母は10個しかレシピを持たない』という企画を書籍化したい。

ツイッターでこうつぶやいたのは２０１９年1月のこと。多くの方に手を挙げていただき、縁あって小学館から本を出す運びとなった。10個に絞るとは、大それたことをしたものだ。しかし、打ち合わせを重ねるうちに、働く母だけでなく様々な人に役に立つ料理の発想だと確信するようになった。

実はこの企画を最初に考えたのは5年前。張り切って出版社に企画書を持ち込んだものの、結果は玉砕。「著書が一冊もない無名の著者で、この内容は売れません」と丁重にお断りされたのだった。

あれから5年経ち、ふたりの子どもの親となって職業も変わった。料理そのものへの向き合い方も変わった。余計な力が抜けた今、料理が楽しい。

毎日作って記録を続けるからこそ、見えてくるものがある。

私の場合、料理が生活に根ざした仕組みとしてスムースに回りはじめたのは正直ここ2、3年のこと。個々のレシピの精度の高さでは、プロの料理家や料理人には敵わない。しかし、ささやかながら自分にしか書けないこと――令和の東京で働きながら子どもを育てる、暮らしの当事者としての料理と生――を書きたいという気持ちが溢れたとき、こうして一冊にまとめる機会に恵まれた。機が熟すとはまさにこういうことを言うのだろう。

料理をお題にして、大きくも、細かくも、自由に書いた。意識高く暮らしているように見えて、そのじつ、ちゃんとした暮らしに追いつこうと必死なのは私のほうだ。月日の流れはいつも、人間の一歩先を行く。旬の食材や日本の伝統行事、家族の祝い事、友人たちとの交流が澪標となり、流されがちな私をまっとうな生につなぎとめている。

今日を肯定し、明日につないでくれる推進力をもつもの。それが料理なのだと思う。

２０１９年9月　寿木けい

“ただいま”から30分でできる！

いつものごはんは、きほんの10品あればいい

2019年10月21日　初版第一刷発行
2020年２月19日　　　第四刷発行

著者　寿木けい

撮影　大沼ショージ
（カバー、P5、10～21、25、32～33、35、80～81、87、93～94、104、133、144～145、156）

デザイン　大塚將生・丸山 恵（marron's inc.）
編集　田中美保
佐藤明美（小学館）
発行人　林　正人
発行所　株式会社　小学館
〒101-8001　東京都千代田区一ツ橋2-3-1
電話　03-3230-9181（編集）
電話　03-5281-3555（販売）
印刷所　共同印刷株式会社
製本所　株式会社若林製本工場
制作　朝尾直丸、尾崎弘樹
販売　中山智子
宣伝　細川達司

JASRAC出 1909968-004
ISBN 978-4-09-310633-7